CHRISTUS
HET NIEUWE PAASLAM

UITGEVERIJ ORTHODOX LOGOS

CHRISTUS HET NIEUWE PAASLAM
Over de diensten van de Heilige Week en
het Paasfeest in de Orthodoxe Katholieke Kerk

Valentina Zander

Vertaald en hertaald door Jonathan Spoor
vanuit de Engelse editie van Anna Garrett
en Pegeen O'Flaherty

Uitgevers Maxim Hodak & Max Mendor

Boekomslag design en layout door:
Max Mendor

© Uitgeverij Orthodox Logos, Nederland 2025

www.orthodoxlogos.com

ISBN: 978-1-80484-191-4

Niets uit deze uitgave mag worden verveelvoudigd en/
of openbaar gemaakt door middel van druk, fotokopie,
microfilm of op welke andere wijze ook zonder voorafgaande
schriftelijke toestemming van de uitgever.

Valentina Zander

CHRISTUS
HET NIEUWE PAASLAM

Over de diensten van de
Heilige Week en het Paasfeest in de
Orthodoxe Katholieke Kerk

Vertaald en hertaald
door Jonathan Spoor

UITGEVERIJ ORTHODOX LOGOS

INHOUDSOPGAVE

Noten van de vertalers 6

Heilige Week 11

Heilige en Grote Maandag 12

Heilige en Grote Dinsdag 18

Heilige en Grote Woensdag 22

Grote en Heilige Donderdag 26

De dienst van het Heilig en onbevlekt Lijden
van onze Heer Jezus Christus 35

Heilige en Goede Vrijdag: de Koninklijke Uren 40

Vespers en de uitdraging van het Epitafion 42

De Heilige en Grote Zaterdag 50

Vespers en de Liturgie van Heilige en Grote Zaterdag . . . 59

Pentekostarion: de dienst van de Paasnacht 66

Paasmetten 67

Stichieren van de Wederopstanding 75

De Paasliturgie 81

NOTEN VAN DE VERTALERS

In deze vertaling is het ons doel geweest om termen te gebruiken die gangbaar zijn bij Engelstalige mensen – onder wie Engelstalige Orthodoxen. We hebben de Geautoriseerde Versie van de Bijbel gebruikt (KJV) behalve in het geval van één citaat uit Jesaja waarbij het voor het behoud van de originele betekenis van de tekst noodzakelijk was om de Septuagint te gebruiken. De nummering van de Psalmen volgt de Septuagint. Om dit een meer op de praktijk gericht handboek te maken hebben we tussen haakjes de tijd van de dag genoteerd waarop elke dienst gevierd wordt. Het vieren van de complete liturgische cyclus van de Grote en Heilige Week vergt meer dan wat de meeste parochiekerken in West Europa kunnen bieden. Het is daarom raadzaam om altijd de lokale dienstroosters erop na te slaan. Niettegenstaande deze beperking is het naar onze mening wenselijk om begrip te hebben van de complete cyclus.

Anna Garrett
Pegeen O'Flaherty

In deze Nederlandse Vertaling vanuit de Engelse vertaling heb ik voor de liturgische teksten gebruik gemaakt van de Nederlandse vertalingen die door Het Heilig Klooster van de Geboorte van de Moeder Gods beschikbaar zijn gemaakt. Citaten uit de bijbel komen hoofdzakelijk uit de NBG '51 maar sommige passages zijn uit de liturgische teksten overgenomen. De Engelstalige vertaling van Garrett en O'Flaherty was rijk aan lange zinnen met veel ornamentele bijzinnen. Ik heb initieel getracht zo veel mogelijk aan de originele stijl van de schrijver recht te doen. Echter, omdat daarmee leesbaarheid voor een modern Nederlands publiek in het geding kwam heb ik toch besloten lange zinnen op te knippen en te parafraseren. Om dit boek ook voor niet Orthodoxen toegankelijk te maken is deze Nederlandse vertaling aangevuld met verklarende voetnoten.

Jonathan Spoor

De grote en mysterieuze gebeurtenissen van de Heilige Week[1] kunnen door ons menselijke verstand maar met moeite begrepen worden als wij niet door de weken van de Grote Vasten[2] zijn voorbereid. In de diensten van de Heilige Week vindt alles wat in de loop van het liturgische jaar aan bod komt een climax en apotheose. Dit geldt in het bijzonder voor wat er in de diensten voorafgaand aan de Grote Vasten en in de diensten tijdens de Grote Vasten wordt gevierd. Als we geen afstandelijke toeschouwers willen blijven, is het noodzakelijk om te begrijpen wat de Kerk zorgvuldig sinds de tijd van de apostelen in de diensten van de Heilige Week heeft overgeleverd en uitgewerkt. Anders lopen we het risico dat we met onverschilligheid de gebeurtenissen van deze dagen gade slaan of dat onze geest boven haar vermogen overweldigd wordt.

De heerlijke woorden en klanken van de diensten van de Heilige Week zijn de sluier van goudbrokaat die de bruid, dat is de Kerk, heeft geweven voor haar geliefde Bruidegom, Christus. Zoals eens de wijzen uit het Oosten goud, wierook en mirre aan de voeten van het Christus Kind legden, zo hebben bij de begrafenis van Christus zangers hun mooiste liederen, poëten hun uitbundigste verzen en theologen hun zuiverste woorden van dogmatische wijsheid gebracht. De

---

[1] *Heilige en Grote Week* is de heiligste week in het liturgische jaar. Deze week volgt direct op de Grote Vasten en Lazarus Zaterdag. Het officiële startpunt is zonsondergang op Palmzondag en het eindpunt klokslag middernacht op Grote Zaterdag.

[2] *Grote Vasten* is de naam voor de veertig dagen van vasten die Orthodoxe Christenen houden voorafgaand aan het Paasfeest. De Grote Vasten begint op Schone Maandag zeven weken voor Pascha en eindigt met de Liturgie van de Voorafgewijde Gaven op vrijdag van de zesde week. Dierlijke producten en sterke drank worden niet genuttigd en ook onthoudt men zich van geslachtsgemeenschap.

grootste gaven van de schatkamer van de menselijke geest zijn de kostbare nardusmirre die de Kerk over het lichaam van haar Koning en Heer uitgiet.

De wijze waarop de Zaligmaker in deze wereld binnenkomt: het afdalen in de maagdelijke schoot van Zijn ongerepte moeder, Zijn geboorte in een grot[3] en het liggen in de kribbe, bereiden onze gedachten voor op Zijn verregaande zelfontlediging en vernedering. De grot en de kribbe waarin Hij lag als kind zijn een symbool, een voorafschaduwing, van de tombe waarin Hij begraven zou worden. Daarom hebben de diensten van de Heilige Week een mysterieuze gelijkenis met de diensten van de geboorte van Christus.

In de diensten van de Heilige Week kunnen we een drievoudige gelaagdheid ontdekken. Allereerst een historische laag met zijn tijden en seizoenen. Ten tweede een transcendente laag waarin we de verborgen eeuwigheid en het Goddelijke mysterie aantreffen, onkenbaar en onbegrijpelijk voor het menselijk verstand. Ten slotte is er de laag van het menselijk hart waar tijd en eeuwigheid samenkomen. Hier is het waar de tijdgebonden mens in zijn grootste visioenen de eeuwige glorie van God te zien krijgt en de Goddelijke Wijsheid die van eeuwigheid is. In de motieven die in de kerkdiensten verweven zijn onderkennen we hoe de historische gebeurtenissen zich ontwikkelen, hoe de daarop betrokken profetieën voort klinken, en hoe ons eigen hart gebukt gaat onder de last van het mysterieuze, onbegrijpelijke en ont-

---

[3] In het Westerse christendom wordt vaak aangenomen dat Christus in een stal ter wereld kwam. Vroege kerkvaders als st. Justinus de Martelaar en st. Hiëronymus bevestigen echter dat dit in een grot plaatsvond. In 335 nChr. werd met goedkeuring van de h. Keizer Constantijn op de locatie van deze grot in Bethlehem de Geboortekerk gebouwd.

stellende dat zich voor onze ogen manifesteert. De grenzen van de tijd worden opgeheven. Het heden, het verleden en de toekomst vloeien samen tot een geheel en de ziel, die in deze momenten over de drempel van het tijdelijke stapt, wordt de eeuwigheid ingedragen.

HEILIGE WEEK

De Heilige Week begint op Palm Zondag. Op de vooravond hiervan, Lazarus Zaterdag, herdenken we de opwekking van de rechtvaardige Lazarus door onze Heer. Palm Zondag wordt ook wel 'de intocht van onze Heer in Jeruzalem' genoemd. De liturgische teksten en gezangen van deze diensten leiden ons in de voetstappen van Christus. Met brandende kaarsen nemen we op symbolische wijze deel aan de triomfantelijke intocht van de Koning der Ere die Zijn vrijwillige dood tegemoet gaat. Met palmtakken of wilgentakken in onze handen zingen we "hosanna" en ontmoeten we Hem bij de poorten van Jeruzalem. Elke opvolgende dag van deze week brengt ons dichter bij de grote en mysterieuze nacht van de opstanding.

HEILIGE EN GROTE MAANDAG

Zondagavond[4]

De Kerk verkeert op deze dag zoals de wijze maagden in verwachting van de komst van haar Bruidegom. Tijdens de Metten[5] wordt in plaats van "God is de Heer en Hij is ons verschenen" de volgende tropaar[6] gezongen:

> "Zie de Bruidegom komt te middernacht, gelukzalig de dienaar die Hij wakend vinden zal, maar onwaardig is hij die Hij ledig vindt. Mijn ziel, wees dus waakzaam, zodat gij niet door slaap overvallen wordt, en daardoor aan de dood vervalt, en van het koninkrijk uitgesloten wordt.

---

[4] In tegenstelling tot wat men zou verwachten worden de Metten die op zondagavond worden gevierd gerekend tot de diensten van maandag. In de Orthodoxe Katholieke Kerk vangt namelijk sinds de klassieke oudheid de liturgische dag aan bij zonsondergang (zie ook Gen 1:5). De Vespers luiden aan het eind van de middag de volgende dag in.

[5] *Metten* zijn een van de zeven Goddelijke Diensten (Vespers, Completen, Metten, Eerste Uur, Derde Uur, Zesde Uur en Negende Uur) die elke dag op gezette tijden worden gevierd. De meeste parochies zijn niet in staat om de complete cyclus van diensten dagelijks te vieren. In kloosters wordt dit wel gedaan.

[6] Een *tropaar* is in de Byzantijnse muzikale traditie een kort gezang van één couplet dat vaak de functie vervult van een refrein.

Maar waak op en roep uit: Heilig, heilig zijt Gij, o God, door de Moeder Gods, ontferm U over ons."

De bruidegom komt en in Zijn voetstappen gaan wij Jeruzalem binnen en worden wij getuigen van het werk dat daar volbracht moet worden. De volgende stichier[7] vertelt ons hiervan:

"Terwijl Hij opging naar zijn vrijwillig lijden sprak de Heer tot Zijn apostelen: Zie wij gaan op naar Jeruzalem; daar zal de Mensenzoon worden overgeleverd zoals over Hem geschreven staat. Laat ons dan met Hem meetrekken met een gereinigde geest, en laat ons met Hem gekruisigd worden en omwille van Hem afsterven aan de lusten van dit leven, opdat wij tezamen met Hem mogen leven in de eeuwige werkelijkheid. Dan horen wij Hem roepen: Ik ga op tot Mijn Vader en uw Vader, tot Mijn God en uw God; en Ik zal u met Mij verheffen naar het Jeruzalem dat boven is in het Koninkrijk der hemelen."

Stap voor stap reizen we met onze Heer en Zaligmaker terwijl voor onze ogen de gebeurtenissen zich één voor één ontvouwen. In het tekstgedeelte uit het Evangelie naar Mattheüs dat gelezen wordt (Matt 21: 18-43) horen we hoe de Zaligmaker, terugkerend van zijn triomfantelijke intocht in Jeruzalem, onderweg honger had. We lezen dat hij een vijgenboom aantreft maar dat hij deze vervloekt als hij daaraan geen vrucht aantreft. Om deze daad uit te leggen vertelt Hij aan zijn disci-

....

[7] Een *stichier* is in de Byzantijnse muzikale traditie een gezang dat vaak in afwisseling met of volgend op de lezingen van een psalm of schriftgedeelte wordt gezongen.

pelen de gelijkenis van de onrechtvaardige pachters, die van de heer des huizes de zorg voor een wijngaard hadden toevertrouwd gekregen. Echter, toen de tijd voor de oogst was aangebroken lieten deze pachters na om de heer des huizes de vruchten te geven. Daarnaast doodden zij ook zijn zoon die was gezonden om de vruchten in ontvangst te nemen. De Zaligmaker eindigt de gelijkenis met: "Daarom, Ik zeg u, dat het Koninkrijk Gods van u zal weggenomen worden en het zal gegeven worden aan een volk, dat de vruchten daarvan opbrengt." De vijgenboom die geen vrucht draagt en de pachters die de opbrengst van de wijngaard niet afgaven zijn metaforen van de menselijke ziel wanneer die geen geestelijke vrucht voortbrengt. Naast deze beelden van de menselijke ziel – de vijgenboom en de pachters – brengt de schriftlezing van Grote Maandag ook een voorafschaduwing van onze Heer Jezus Christus zelf onder de aandacht: De jongeling uit het Oude Testament Jozef, die verkocht werd door zijn broers voor dertig zilverstukken en in de gevangenis gegooid werd samen met twee misdadigers.

Tijdens de Metten van Grote Maandag wordt in plaats van het normale canon van de negen oden[8] het canon van de drie oden gezongen. Dit wordt afgesloten met het volgende exapostilarion[9] dat driemaal op plechtig wijze wordt gezongen:

> "Uw bruiloftszaal, mijn Verlosser, zie ik versierd. En ik heb geen kleed, om daarin binnen te treden. Maak weer

---

[8] Het *canon van de negen oden* is een gestructureerd gezang dat bestaat uit verscheidene Bijbelse lofzangen. Het bevat o.a. de lofzang van Mozes (Ex 15:1-19) en de lofzang van de moeder Gods (Luk 1:46-55).

[9] Een *exapostilarion* is in de Byzantijnse muzikale traditie een gezang dat dient ter afsluiting van een canon

stralend het gewaad van mijn ziel, Schenker des Lichts;
en red mij."

In deze oproep aan de Bruidegom worden alle angst en hartstocht van de menselijke ziel samengevat. In dit gezang dat gezongen wordt op de drie dagen voorafgaand aan Grote Donderdag worden al haar nederige smeekbeden en bange hoop uitgesproken. De zaal is namelijk versierd maar niemand is waardig om daar binnen te gaan. Alleen gebed, inkeer en hoop op zaligmaking zijn nu gepast. Want, de zaligmaking kan alleen als gezegend geschenk van Christus verkregen worden, en niet doormiddel van onze eigen inspanningen of verdiensten.

Maandagochtend

In overeenstemming met het karakter van de dagen van de Heilige Week worden de diensten meer nog dan gebruikelijk eerbiedig van aard. Volgend op de Uren en Vespers [10] komt de Liturgie van de Voorafgewijde Gaven [11]. Deze wordt tijdens de Grote Vasten alleen op woensdag en vrijdag gevierd. Tijdens de Heilige Week wordt de Liturgie van de

---

[10] Het *Eerste Uur, Derde Uur, Zesde Uur* en *Negende Uur* worden collectief aangeduid als de *Uren*. Samen met de *Vespers* behoren deze vieringen tot de Goddelijke Diensten (Vespers, Completen, Metten, Eerste Uur, Derde Uur, Zesde Uur en Negende Uur) die elke dag op gezette tijden worden gevierd.

[11] Tijdens de *Liturgie van de Voorafgewijde Gaven* worden de Gaven uitgereikt die op een eerder tijdstip zijn geheiligd, meestal de voorafgaande zondag. Op deze manier kunnen de gelovigen tijdens de Heilige Week communie ontvangen zonder dat daarvoor een Goddelijke Liturgie hoeft te worden gevierd. Omdat deze week in het teken staat van rouw zou het vieren van een per definitie vreugdevolle eucharistische liturgie (εὐχαριστία betekend dankzegging) namelijk niet gepast zijn.

Voorafgewijde Gaven echter op maandag, dinsdag en woensdag gevierd. De schriftlezingen komen nu uit andere boeken van het Oude Testament dan de boeken die in de weken hiervoor zijn gelezen. In plaats van het boek Jesaja, worden op het Zesde Uur de profetieën van Ezechiël gelezen. Dit zijn profetieën vol van beangstigende en mysterieuze visioenen die Ezechiël zag toen hij aan de rivier de Kebar verbleef in de dagen dat het Joodse volk in Babylonische ballingschap was. Hij zag de glans van de glorie van de Heer en gevleugelde en veelogige wezens met de gedaante van een man, een os, een leeuw en een adelaar. Ze werden door de Geest bewogen te midden van vlammen in vurige raderen. Deze wezens zijn door de Kerk geduid als symbolen van de vier evangelisten. De schriftgedeelten die tijdens de Vespers uit het Oude Testament worden gelezen zijn op deze dag ook aangepast. De lezing van Genesis, welke vastgesteld was voor de Grote Vasten is nu voltooid. Jacob is begraven in het beloofde land en nu wordt het tweede boek van Mozes geopend: Exodus. Dit boek gaat over de uittocht van het volk Israël uit Egypte; de exodus[12] uit het land van de zonde. In plaats van het boek van de Spreuken wordt het boek van de lijdende Job gelezen, die een voorafschaduwing van Christus is.

Tijdens de Uren van de eerste drie dagen van de Heilige Week wordt uit alle vier de Evangeliën gelezen. Het is alsof de Kerk geen genoegen neemt met een korte Evangelielezing. Alsof zij in één week probeert te compenseren voor de tekortkomingen van de zes voorafgaande weken waarin, als teken van smart, het troostende goede nieuws van het Evangelie geen onderdeel uitmaakte van de aangewezen schriftlezingen. Op maandag worden het Evangelie naar Matteüs en het Evangelie

---

[12] *Exodos* (ἔξοδος) betekent uittocht.

naar Markus gelezen. Op dinsdag en woensdag worden het Evangelie naar Lukas en het Evangelie naar Johannes gelezen. Op deze manier wordt het hele leven van onze Zaligmaker, al Zijn werk, het gehele nieuwe verbond, aan ons getoond voorafgaand aan de verzoening van het Pascha. Tijdens de Liturgie van de Voorafgewijde Gaven wordt de profetie over het einde van de wereld voorgelezen: "Want volk zal opstaan tegen volk en koninkrijk tegen koninkrijk." (Matt 24:3-35)

Maandagavond

Op maandag avond worden de Completen[13] gevierd. Het Triodion[14] van de h. Andreas van Kreta wordt gezongen en daarmee begeven we ons met Christus naar de Olijfberg. "Laat ons op mystieke wijze, samen met de apostelen, Christus vergezellen naar de Olijfberg, om daar met Hem de nacht door te brengen." Angst vervult de ziel en angstig wordt ook de toon van het lied: "Herinner u, mijn arme hart." "Bereid u voor mijn ziel, op uw uitgang, want reeds nadert de Komst van de onomkoopbare Rechter." Het lezen van de toespraken en gelijkenissen van Christus en het horen van de gebeden heeft het menselijk hart voorbereid. Het heeft reeds, in het beeld van Hem die zijn vrijwillige dood tegemoet gaat, de mysterieuze en verschrikkelijke Koning der Koningen onderkent. Hij is de Heer der Heren, de Rechter die komt om de wereld te oordelen.

....

[13] *Completen* is een van de zeven Goddelijke Diensten (Vespers, Completen, Metten, Eerste Uur, Derde Uur, Zesde Uur en Negende Uur) die elke dag op gezette tijden worden gevierd.

[14] *Triodion* betekent 'drie odes'.

HEILIGE EN GROTE DINSDAG

Maandagavond voortgezet

De Metten van Grote Dinsdag beginnen ook met het tropaar "Zie de Bruidegom komt" die gebaseerd is op de gelijkenis van de tien maagden (Matt 25:1-13). De diensten van Grote Dinsdag staan in het teken van deze gelijkenis. Op Grote Maandag werd als het ware tijdens de Metten slechts de zwakke klank gehoord van een verre roepstem in de nacht: "De Bruidegom komt". Die uitroep wordt nu herhaald maar duidelijker en krachtiger. In de gezangen die volgen en in de Evangelielezing over de tien maagden horen we:

> "Dan zal het Koninkrijk der hemelen vergeleken worden met tien maagden, die haar lampen namen en uittrokken, de bruidegom tegemoet. En vijf van haar waren dwaas en vijf waren wijs."

Naast het beeld van de tien maagden die op de drempel van het bruidsvertrek staan worden we geconfronteerd met twee andere symbolen: de gelijkenis van de talenten en de profetie van het laatste oordeel (Matt 25: 14-46). Wat gister een stip aan de horizon was, ontvouwt zich vandaag voor onze ogen.

Gisteren werd ons het beeld gegeven van de vijgenboom die geen vrucht droeg; in plaats van dit beeld horen we vandaag de gelijkenis van het talent dat door de luie en sluwe knecht in de grond werd verborgen. Het verslag dat we gister hoorden over het einde van de wereld, ontwikkelt zich nu verder in het schrikaanjagende beeld van het laatste oordeel. De Zoon des Mensen zal komen in Zijn heerlijkheid en al de heilige engelen met Hem. De diensten van de Grote Dinsdag spreken hoofdzakelijk over deze ontzagwekkende en vreselijke uren die de wereld te wachten staan. Voordat het einde van de wereldgeschiedenis daar is, het universele Pascha en de mysterieuze achtste dag[15] van de opstanding van Christus, komt de "storm van de zevende dag". Deze zevende dag is de Passie week voor heel de mensheid - het einde van de wereld en het Laatste Oordeel. Waar we op Grote Maandag nog als vanuit de verte gewaarschuwd werden door de stemmen van het canon van de drie oden en de evangelielezingen, spreekt op Grote Dinsdag een krachtige en dreigende stem ons direct toe. Als wachters in de nacht roepen de gezangen van de avond en de ochtend tot elkaar. Opnieuw wordt het Exapostilarion van de bruidskamer gehoord en opnieuw rouwt de gebroken ziel om haar onreinheid en in haar binnenste wezen roept zij:

"Zie, mijn ziel, het talent dat de Meester u toevertrouwt: ontvang die gave met bevreesdheid. Leen aan Hem Die ze u geschonken heeft, en doe wel aan de armen om de Heer tot uw Vriend te maken: opdat ge moogt staan aan

....

[15] De *achtste dag* is de dag van de Eucharistie. Deze dag heeft een eschatologische dimensie omdat het de dag buiten de (scheppings)week is, dat wil zeggen buiten de tijd. Deze vangt aan wanneer Gods heilsplan volledig gerealiseerd is en God alles zal zijn in allen (1 Cor 15:28). Door de Eucharistie hebben mensen reeds toegang tot deze heerlijke toestand die tijd en ruimte overstijgt.

Zijn rechterhand wanneer Hij wederkomt in heerlijkheid, opdat ge de zalige Stem moogt horen zeggen: Trouwe dienaar, ga binnen in de vreugde van uw Heer."

De ziel, dat is de vijgenboom zonder vrucht, de onrechtvaardige pachter, de dwaze maagd. De ziel is de luie en sluwe slaaf die nu radeloos en bevend aan zijn goddeloze daden en gedachten wordt herinnerd terwijl hij voor de troon van zijn Goddelijke Rechter staat. "Uit de diepten roep ik tot U, o Here. Heer, hoor naar mijn stem". Het vers van het Prokimen[16] biedt vertroosting: "Want bij de Heer is barmhartigheid, en bij Hem is overvloedige Verlossing."

Dinsdagmorgen

Terwijl we met inkeer voor de eeuwige Rechter en Heer staan, wordt het profetische woord van Ezechiël uit het Oude Testament gelezen. We horen over het vurige visioen van de troon en de heerlijkheid van de Heer daaromheen. Op hetzelfde moment wordt op het historische vlak actie ondernomen tegen Jezus, de raad van schriftgeleerden en farizeeën overtuigen Judas om Hem te verraadden. Vanuit het ontzagwekkende visioen van wat er gebeurd in de onzichtbare wereld roept onze Heer onze aandacht naar wat er nu in de zichtbare wereld volbracht moet worden. De beschrijving van het laatste oordeel wordt afgesloten met woorden die Zijn aanstaande dood profeteren: "Gij weet dat het over twee dagen Paasfeest is, en alsdan wordt de Zoon des mensen overgeleverd om gekruisigd te worden." Tijdens de Vespers wordt

---

[16] Een *prokimen* is in de Byzantijnse muzikale traditie een psalm- of lofzangrefrein dat in antwoord gezongen wordt op bepaalde specifieke momenten van de Goddelijke Liturgie, meestal om een schriftlezing in te leiden.

dezelfde stichier herhaald die tijdens de Metten gezongen is en de lezing uit het boek Exodus wordt voortgezet. Hierna wordt het deel van het boek Job gelezen waarin beschreven wordt dat een zware storm opsteekt van over de woestijn die het huis waarin Jobs kinderen aanwezig zijn doet instorten waardoor zij allen sterven. Job spreekt hierop de woorden: "De Here heeft gegeven, de Here heeft genomen" "In dit alles schreef hij God niets ongerijmds toe." De lankmoedige Job is een prototype van Christus, hij is verlaten door de mensen en door God, uitgeput door het lijden dat zwaar op hem drukt. In zijn lijden verheerlijkt hij God en wordt op zijn beurt zelf door God geprezen.

Dinsdagavond

In zijn canon van de drie oden bevat de Grote Completen van dinsdag reeds elementen van Grote Woensdag.

HEILIGE EN GROTE WOENSDAG

Hoewel de tropaar van de Bruidegom tijdens de Metten nog wordt gehoord, loopt de tijd voor inkeer en berouw nu ten einde. De lezing van het Evangelie naar Matteüs wordt onderbroken door het Evangelie naar Johannes waarin onze Verlosser voorafgaand aan Zijn lijden vanuit de hemel wordt verheerlijkt door de stem van de Vader. Hijzelf verkondigt Zijn vrijwillige dood. Zekere Grieken, heidenen, komen naar Hem toe omdat zij verlangen om Jezus te zien. Op hetzelfde moment beramen de leiders van het Joodse volk om Hem te vermoorden. Deze onbekende Grieken herkennen in de nederige persoon van Jezus God, terwijl de vertegenwoordigers van het uitverkoren volk Israël op hetzelfde moment tegen Hem opstaan. Door het sterke contrast tussen deze twee groepen onder onze aandacht te brengen, roept de Kerk ons op om nog eenmaal bij ons geweten te rade te gaan.

Twee gebeurtenissen beschreven in het Evangelie vertegenwoordigen de centrale boodschap van deze dag: het berouw van de zondige vrouw die de kostbare olie over voeten van Jezus uitgiet en het goddeloze complot van Judas, die zijn Leraar en zijn Heer verraad. De canon van de drie oden en de stichieren die tijdens de Metten worden gezongen zijn aan deze twee voorstellingen gewijd:

> "Voor U, de Meester, heeft de zondares haar haren uitgespreid, maar Judas strekte zijn handen uit naar de wettelozen"

Zij handelde om vergiffenis te verkrijgen, maar hij wilde geld ontvangen. De zondige vrouw was als de wijze dief (aan de rechter zijde gekruisigd). Judas, opgesloten in zijn godslasterlijke kwaadaardigheid en veroordeling van de zondige vrouw, was als de dief aan de linker zijde. Van de verregaande inkeer en berouw van de zondige vrouw zingen we in een stichier die door de moniale Kassiani geschreven werd:

> "Heer, de vrouw die in zo vele zonden gevallen was, erkende Uw Godheid; zij nam de taak op zich van myrondraagster[17] en bracht U weeklagend de myron reeds voor de begrafenis. Wee mij, zo sprak zij tot U"

Woensdagmorgen
De profetie van Ezechiël die we hierna lezen is doortrokken van betekenis:

> "Toen zag ik en zie, een hand was naar mij uitgestrekt; en zie, daarin was een boekrol. En hij rolde ze voor mij open ... daarop waren klaagliederen geschreven, gezucht en gejammer. Hij zeide tot mij: Mensenkind, eet wat gij hier voor u ziet; eet deze rol. Toen opende ik mijn mond, Hij gaf mij die rol te eten. ... Toen at ik die op, en zij was in mijn mond zoet als honing."

---

[17] De term *myrondraagsters* verwijst naar de vrouwen die vroeg op de Paasmorgen met mirre naar het graf van Christus kwamen om Christus' lichaam te balsemen en het graf leeg aantroffen.

De gehele betekenis van de Passie van onze verlosser is als het ware geconcentreerd in deze profetie waarin het bittere lijden wordt getransformeerd in onuitsprekelijke vreugde. Echter om dit te kunnen beleven en voelen, is het noodzakelijk om samen met Hem de Weg van het Kruis te bewandelen. Ieder heeft zijn eigen pad dat ook Zijn pad is. Hij heeft namelijk onze ziekten op zich genomen en onze smarten heeft hij gedragen en door zijn striemen is ons genezing geworden. Wij moeten met Hem gekruisigd worden, met hem sterven en met hem begraven worden om samen met hem in heerlijkheid te verrijzen.

Wanneer we tijdens de Vespers voor de laatste keer "Laat mijn gebed opstijgen als wierook voor Uw aangezicht... " zingen, heeft dit een speciaal gewicht. De liturgie van de Voorafgewijde gaven die hierop volgt is ook de laatste van de Grote Vasten. De evangelielezing tijdens de liturgie (Matt 26:7-16) eert opnieuw de daad van de hoer en eindigt met de woorden die ons vertellen hoe Judas naar de hoofdpriesters gaat en zegt:

> "Wat wilt gij mij geven? Dan zal ik Hem u overleveren. En zij stelden hem dertig zilverlingen ter hand. En van toen af zocht hij een goede gelegenheid om Hem over te leveren."

De Grote Vasten is voorbij, het Pascha van de Kruisiging begint. Voor het laatst klinkt het prachtige gezang:

> "Nu aanbidden de hemelse machten onzichtbaar met ons tezamen. Want zie de Koning der heerlijkheid treedt binnen. Zie het voltrokken mystieke Offer wordt door Zijn lijfwacht binnengeleid."

Voor het laatst wordt "Heer en Meester van mijn leven" gereciteerd; poklonen[18] eindigen. De veertig dagen zijn voorbij en het canon van de drie oden van de h. Andreas van Kreta leidt ons in de Completen van woensdagavond naar de voorbereidde bovenzaal. Hier viert de Schepper het Pascha met zijn discipelen.

---

[18] *Poklonen* of prosternaties zijn buigingen die de gelovigen in aanbidding maken. De gelovige maakt een diepe buiging, rijkt met de handen naar de grond, zakt door de knieën en raakt met het voorhoofd de grond. Het uitvoeren van poklonen kan een onderdeel zijn van het persoonlijke gebed of kan door de gelovigen gezamenlijk worden gedaan tijdens de liturgie, bijvoorbeeld na het driemaal Amen tijdens de Epiklese.

GROTE EN HEILIGE DONDERDAG

Hetgeen ooit plaatsvond in Bethlehem, waar onze Heer en God werd gekleed in het menselijk vlees van een klein kind, krijgt hier aan de tafel van het laatste avondmaal een nieuwe verborgen betekenis. Het grote mysterie van de incarnatie wordt in zijn volledige diepte geopenbaard:

> "Jezus wist dat zijn ure gekomen was om uit deze wereld over te gaan tot de Vader. Hij heeft de zijnen, die Hij in de wereld liefhad, liefgehad tot het einde." (Joh 13:1)

Wat Hij eerder aan Zijn discipelen geprofeteerd had stond nu te gebeuren:

> "Het brood dat ik geven zal is mijn vlees, voor het leven der wereld." (Joh 6:51)

> "Want mijn vlees is ware spijs en mijn bloed is ware drank. Wie mijn vlees eet en mijn bloed drinkt, blijft in Mij en Ik in hem." (Joh 6:5,6).

Zelf menselijk vlees aangenomen hebbende, heeft onze Heer en God zijn Lichaam en Bloed aan Zijn discipelen aangereikt, en door hen ook aan ons allen, die Hem liefhebben.

> "Neemt, eet, dit is mijn lichaam ... Drinkt allen daaruit. Want dit is het bloed van mijn verbond, dat voor velen vergoten wordt tot vergeving van zonden." (Matt 26: 26-28)

Dit wonder van de verandering van brood en wijn in het Lichaam en Bloed van onze Heer Jezus Christus was een wonder van Zijn liefde, de voortzetting van het wonder van Zijn incarnatie en de mysterieuze vereniging van twee werelden - de goddelijke en de menselijke. Volgens de woorden van de h. Cyrillus van Jeruzalem wordt de Christen door de Communie "een vlees en bloed met Christus".

> "Opdat zij allen één zijn, gelijk Gij, Vader, in Mij en Ik in U, daar ook zij in Ons zijn." (Joh 17:21)

Deze eenheid van liefde in de gemeenschap van het Lichaam en Bloed van Christus is de hoogste vervulling van Kerkelijke eenheid. Het is de eenheid naar het beeld van de Drievuldigheid, van één substantie en ondeelbaar. Hiervan spreekt de Heer tot zijn discipelen in Zijn vaarwel rede. De stroom van liefde die vloeit van de Goddelijke Wijnstok naar de ranken is het vloeien van Zijn bloed dat tegelijkertijd de Kerk als geheel, en haar individuele leden voedt. Het verenigt allen, door Christus, met de Vader en de Heilige Geest.

In overeenstemming met de plechtigheid van het naderende moment, verandert nu het karakter van de diensten. Het zuchten en steunen van de zondige ziel verstilt. De roepstem "Zie de Bruidegom komt" wordt niet meer gehoord. Want de Bruidegom is gekomen en bevind zich in het vertrek dat voorbereid is voor het laatste avondmaal van de liefde. In plaats van "Zie de Bruidegom komt" wordt de tropaar van Grote Donderdag gezongen:

> "Terwijl de roemrijke leerlingen bij de voetwassing werden verlicht werd de goddeloze Judas verduisterd en viel hij ten prooi aan gierigheid, en leverde hij U, de rechtvaardige rechter, over aan de wetteloze rechters."

De diensten van Grote Donderdag zijn doortrokken van de beide ogenschijnlijk tegengestelde emoties: verdriet en vreugde. Verdriet om de naderende opgang van onze Heer naar Golgotha en vreugde om de grote blijdschap die de Heer heeft bereid voor allen die Hem liefhebben. Dit is de "vreugde van het Kruis", de reële geestelijke blijdschap die nu aan ons gegeven is.

Tijdens de Metten, die op deze dag tijdens zonsopgang beginnen, wordt vanuit het Evangelie naar Lukas de beschrijving van het laatste avondmaal gelezen. De canon, die het Evangelie volgt en begint met de worden: "De Rode Zee werd verdeeld door Mozes' staf", ontvouwt de verborgen betekenis van deze gebeurtenis met bijzondere kracht en diepgang. De canon bezingt de eenheid, afzonderlijkheid en ondeelbaarheid van de twee naturen van onze Heer Jezus Christus. Het contrast wordt getoond in hun gezamenlijke eenheid, activiteit en deelname in het werk van onze verlossing. Deze zeldzame en plechtige momenten omvatten de eeuwigheid. De Schepper, buigt zich met onuitsprekelijke liefde neer richting het schepsel dat hij gemaakt heeft, en roept hem naar de vreugde van vereniging met Hemzelf.

> "Zoals Ik wezenlijk Mens ben en niet slechts in schijn, evenzo is ook de met Mij verenigde mensennatuur werkelijk God. Erkent Mij daarom als de ongedeelde Christus, want Ik behoud de beide naturen waaruit en waarin ik besta. Ken mij daarom Christus, bewarende de dingen waarin en waaruit ik mijn bestaan heb." (9^e Ode Spr 8:22)

Tussen de Schepper en het geschapene vind een dialoog plaats. De Schepper overtuigt en wint voor Zichzelf het geschapene, hem uitnodigende om de onpeilbare diepte van Zijn liefde te leren kennen. Terwijl we naar het hemelse opstijgen, horen we zo nu en dan de Hemelse Wijsheid die van een wezen met de Vader en ongeschapen is:

> "Voor alle eeuwen heeft de Vader Mij voortgebracht als de scheppende Wijsheid en het Begin Zijner wegen. Reeds toen begon het werk dat nu op mystieke wijze tot voltooiingen komt. Door Mijn natuur ben Ik het ongeschapen Woord, maar nu spreek Ik het woord met de door Mij aangenomen vleselijke natuur." (9ᵉ Ode Spr 8:22)

De Ongeschapen Goddelijke Wijsheid, de oorzaak en oorsprong van alles wat bestaat, de onderhouder van het leven, vernederd Zichzelf en verenigt Zijn schepping met Hemzelf. Hij wordt gekleed in een lichamelijke tempel gevormd van het zuivere en maagdelijke bloed van de ongerepte maagd. Terwijl Hij Zijn discipelen onderricht, omgordde Hij Zichzelf met een linnen doek en wast hun voeten. Hij richt een maaltijd aan om hun zielen te voeden. Hij mengt de kelk van onsterfelijkheid en met gezaghebbende stem nodigt Hij hen uit: "Eet Mijn Lichaam en drink Mijn Bloed." In reactie verheerlijken en prijzen de gelovigen hun Heer en Schepper die nu hoog verheerlijkt is. Christus is Hoge Priester en tegelijk Offer. Hij is de Schenker en de Gave. Hij verricht zijn priesterlijke werk aan Zichzelf en geeft de gelovigen te drinken uit Zijn eigen beker die Hij gevuld heeft met vreugde.

> "Ik zeg u: een nieuwe drank, die alle begrip te boven gaat zal Ik in Mijn koninkrijk met u drinken; want dan zal Ik

samen met u zijn, als God met goden. Want de Vader heeft Mij, Zijn eniggeboren, als zoenoffer in de wereld gezonden." (tropaar van de 4ᵉ Ode)

De Schepper en Heer van alle schepselen, van de hemelse en aardse elementen, van meren, bronnen en zeeën, verenigt ons volledig met Hemzelf in een daad van liefde en nederigheid die niet te bevatten is voor het menselijk verstand. In het laatste irmos[19] van de canon nodigt de Kerk ons uit om deel te hebben aan het eeuwige feest:

> "Komt, gelovigen, laat ons met verheven geest, in de bovenzaal genieten van het gastmaal des Heren en de Dis der onsterfelijkheid. Want we leerden van het woord dat het Woord daarheen is opgegaan: Hem verheffen wij."

In antwoord hierop roept de menselijke ziel driemaal uit: "Uw bruiloftszaal, mijn verlosser, zie ik versierd..."
Dit exapostilarion wordt nu voor het laatst gezongen. Het gasten vertrek is ingericht, de tafel is gedekt, de kelk is vol geschonken. Juist op dit meest heerlijke moment in de goddelijke dienst worden we onderbroken door de loop van de historische gebeurtenissen.

> "Nu komt het Sanhedrin bijeen om de Schepper en Formeerder van het heelal over te leveren aan Pilatus."

De Wetteloze Judas die met de Heer zijn hand in de schotel mocht dopen verwerpt zijn apostelschap en neemt de zilver-

---

[19] Het *irmos* is in de Byzantijnse muzikale traditie het eerste vers van elke afzonderlijke ode in een canon.

lingen in ontvangst om de Onschatbare te verkopen. De Kerk onderkent hier de gevaren van verleiding en lafhartigheid en spreekt tot ons de woorden als bij monde van Christus:

"Vrienden wees op uw hoede, laat geen angst u van Mij scheiden en laat u niet misleiden want Ik kwam om mijn leven af te leggen voor de redding van de wereld."

Donderdagmorgen

Op deze dag wordt Vespers samen gevierd met de Liturgie van de h. Basilius de Grote[20]. Dezelfde stichieren als tijdens de Metten spreken van menselijke kwaadaardigheid en de liefdadigheid en het geduld van het Lam van God. Dit Lam, waarover Jesaja al had geprofeteerd, gaat nu vrijwillig richting de slachtbank. Hij geeft zijn rug aan de geselaars en zijn wangen aan wie de baard uittrekken; zijn gelaat verbergt hij niet voor smadelijk speeksel. De overweldigende verschijning op de berg Sinaï te midden van bliksem en wolken, rook en vuur en het geluid van bazuingeschal zoals dit in het boek Exodus beschreven is wordt afgezet tegenover het beeld van het makke Lam. In het Oude Testament is de verschijning van God angstaanjagend en gaat gepaard met schrikwekkende tekenen. Dit wordt duidelijk in de lezingen uit Job en Exodus waarin de Heer spreekt vanuit een wervelwind. In het Nieuwe Testament echter, wordt het goddelijke vuur voor ons verborgen door de sluier van het menselijke vlees van de geïncarneerde God. Hierdoor vergaan wij niet als wij door Zijn goddelijke vinger aangeraakt worden. Het nieuwtesta-

---

[20] De Goddelijke Liturgie van de h. Basilius de Grote wordt volgens de Byzantijnse rite tien maal per jaar gevierd. De viering op Grote Donderdag is hier één van is. Op normale zondagen wordt de Goddelijke Liturgie van de h. Johannes Chrysostomos gevierd.

mentische vuur is echter hetzelfde goddelijke vuur. Daarom is het noodzakelijk om geestelijk gereinigd te zijn, om niet verteerd te worden. Dit geldt net zo goed voor de mens die nadert tot de hemelse gewesten en het altaar van de Heer als dat dit gold voor het volk Israël toen zij naderde tot de berg Sinaï. De ziel roept tot de Heer in het Prokimen:

> "God, ontruk mij aan mijn vijanden, bevrijd mij van hen die tegen mij opstaan." (Ps. 58:2)

De duivel die Judas aanzette tot zijn verraad probeert elk uur van elke dag het menselijk geslacht in verzoeking te leiden en in deze heilige uren zoekt de menselijke ziel hiervan een toevluchtsoord. Vespers eindigen met de lezingen uit het Oude Testament en hierna begint de Liturgie.

Hier wordt in het prokimen van de Epistel, niet langer profetische maar in volle klaarheid, het beeld van de overste der wereld voor ons geschilderd die bezit neemt van het hart en het verstand van de mens:

> "De vorsten zijn samengeschoold tegen de Heer en tegen zijn Gezalfde."

In de lezing uit de brief aan de Korintiërs die volgt op het prokimen, verteld de apostel Paulus wat hij van onze Heer zelf heeft ontvangen. Hij beschrijft de instelling van het Goddelijke Mysterie van de Eucharistie (1 Kor 11:23-32). Het Alleluja vers dat volgt op de Epistellezing verbaasd ons door haar onverwachtheid:

> "Zalig hij die zorg draagt voor behoeftigen en armen: ten dage des onheils zal de Here hem uitkomst geven." (Ps 40:1)

Maar we herinneren ons de woorden van de Apostel die wij zojuist gelezen hebben:

> "Maar laat iedereen zichzelf onderzoeken en laat hij dan eten van het brood en drinken uit de drinkbeker. Want wie op onwaardige wijze eet en drinkt, die eet en drinkt tot zijn eigen oordeel, omdat hij het lichaam van de Heer niet onderscheidt."

Deze aansporing is begrijpelijk omdat hij wordt gegeven vlak voor het belangrijkste onderdeel van het onderwijs van Christus. Als we genade en mededogen hebben voor de ellendigen en armen, dan zal hij zich over ons ontfermen en ons vergeving schenken op de dag van het onheil. Dat is de dag van het laatste oordeel.

In de Evangelielezing tijdens de Liturgie wordt door de lippen van ooggetuigen die daaraan deelnamen verteld over het laatste avondmaal. Er wordt uit verschillende Evangeliën gelezen. In plaats van het cherubijnen gezang[21] zingen we driemaal de tropaar:

> "Zoon van God, neem mij heden aan als deelgenoot aan Uw mystiek Avondmaal: want Uw vijanden zal ik zeker niet over dit Mysterie spreken, Ik zal U geen kus geven zoals Judas, maar zoals de rover belijd ik U: Gedenk mij, o Heer, wanneer Gij in Uw Koninkrijk gekomen zijt."

....

[21] Het *cherubijnen gezang* is een vast onderdeel van de Goddelijke Liturgie en wordt voor en tijdens Grote Intocht gezongen. De tekst luidt: "Wij, die de cherubim, op mystieke wijze, geheimnisvol verzinnebeelden. Om aan de Levenschenkende Heilige Drie-eenheid het driemaal Heilig toe te zingen. Laat ons dan terzijde stellen alle aardse zorgen"

Dezelfde tropaar wordt gezongen voorafgaand aan de Communie en terwijl de Communie ontvangen word. De tropaar wordt opnieuw en opnieuw herhaald alsof men maar niet op wil houden om de zalige vreugde van de gemeenschap met het Goddelijke niet te onderbreken. Het onophoudelijk zingen van het "aan Uw mystiek Avondmaal", de Epistellezing en de Evangelielezing van deze dag vertellen ons dat het vieren van de Eucharistie de liturgie der liturgieën is. Deze liturgie werd eens op één punt in de tijd gevierd en wordt vanaf dat moment ononderbroken tot aan het einde van de tijd gevierd, tot aan de schitterende en heerlijke dag van de Komst van onze Heer Jezus Christus. Na het gebed vanuit het Altaar wordt, in kathedralen als er door een bisschop wordt gecelebreerd, de ceremonie van de voetwassing uitgevoerd.

Donderdagavond

Tijdens de Kleine Completen op Grote Donderdag passeren in het drievoudige canon van de h. Andreas van Kreta de gebeurtenissen van de dag de revue; in het laatste gezang horen we mild maar verwijtend de stem van Christus: "Slaap nu maar en rust." En verder: "Zie de ure is nabijgekomen. Staat op, laten wij gaan. Zie die Mij overlevert is nabij." Vanuit de tuin van Getsemane, door de binnentuin van Kajafas, langs het praetorium van Pilatus komen wij langzaam richting Golgota.

DE DIENST VAN HET HEILIG EN ONBEVLEKT LIJDEN VAN ONZE HEER JEZUS CHRISTUS

De dienst van de Twaalf Evangeliën

De nacht voorafgaand aan Goede Vrijdag nadert. Na het zingen van de zesvoudige psalm, de tropaar "Terwijl de roemrijke leerlingen" en de vredeslitanie, steken de gelovigen hun kaarsen aan en stappen de diepe duisternis binnen van Getsemane. Het lezen van de Twaalf Evangeliën begint. Dit leesritueel is zeer oud. Gedurende de eerste eeuwen van het Christendom ging deze dienst in de kerk van Jeruzalem de gehele nacht door. De Evangeliën werden gelezen op verschillende plaatsen: op de olijfberg waar onze Heer voor zijn Lijden de discipelen onderwijs gaf, in Getsemane waar hij werd gearresteerd, en op Golgota waar Hij werd gekruisigd. In het duister van de nacht, met lampen in hun handen, volgden de gelovigen onophoudelijk biddend in de voetsporen van Christus. De schriftlezing uit de Twaalf Evangeliën is samengesteld vanuit alle vier de Evangeliën. Het zingen van de vijftien antifonen[22] tijdens de pauzes tussen de schriftle-

---

[22] Een *antifoon* is in de Byzantijnse muzikale traditie een kort gezang dat wordt gezongen als refrein. De teksten van antifonen komen meestal uit de Psalmen of de Schrift, maar kunnen ook vrij gecomponeerd zijn.

zingen door, geven nadere verklaring met betrekking tot de gebeurtenissen die in de Evangeliën aan bod komen. Om de diepe spirituele plechtigheid te benadrukken worden behoudens de Evangelielezingen alle onderdelen van de gehele dienst gezongen. In het licht van de mateloze vernedering van haar Heer en Zaligmaker, overdenkt de Kerk ook Zijn eer en heerlijkheid. De eerste Evangelielezing begint met de woorden van onze Redder over Zijn eigen verheerlijking:

> "Nu is de Zoon des mensen verheerlijkt en God is in Hem verheerlijkt."

Deze glorie straalt nu als een helder licht af van het Kruis dat voor ons staat. Het omstraalt Golgota zoals het eens lang geleden de Berg Sinaï en de Tabernakel omstraalde. Naarmate het verdriet meer uitgesproken uit de Evangelielezingen naar voren komt, klinken des te luider de gezangen waarin Christus verheerlijkt wordt. Na de vierde Evangelielezing die eindigt met de woorden:

> "Toen gaf hij Hem aan hen over om gekruisigd te worden."

klinkt het gezang zonder ophouden te ere van de God die het niet te min achtte om de gestalte van een dienaar aan te nemen. "Daar deze niet kon verdragen om te zien hoe God voor Wie het heelal siddert, beledigd werd" wankelde de gehele schepping, de aarde beefde, de rotsen spleten, de zon werd verduisterd en het voorhangsel in de tempel werd in tweeën gescheurd van boven naar beneden. De woorden van het twaalfde antifoon die hierna gezongen wordt, klinken als om de gelovigen te herinneren aan alle werken die door de Heer op aarde werden verricht:

"Mijn volk, wat heb Ik u gedaan, of waarin heb Ik u bedroeft? Uw blinden heb ik verlicht, uw melaatsen gereinigd, de lamme opgericht. Mijn volk wat heb Ik u gedaan, en wat hebt ge Mij daarvoor terug gegeven? Voor het manna: gal; voor het water: azijn; in plaats van Mij te beminnen hebt ge Mij aan een Kruis geslagen!"

De woorden van het laatste antifoon dragen in zich een bijzondere kracht:

"Heden hangt aan het hout, Hij die de aarde gehangen heeft boven de wateren. De Koning der engelen wordt gekroond met een doornen kroon. Hij die de hemel met wolken bekleedt, wordt in spottend purper gehuld. Hij die in de Jordaan Adam heeft vrijgemaakt, wordt in het gelaat geslagen. De Bruidegom van de Kerk wordt met spijkers vastgenageld; de Zoon der Maagd wordt met een lans doorboord. Wij aanbidden Uw Lijden o Christus; Toon ons nu ook Uw heerlijke Opstanding"

Hierna volgt een bevestiging van ons vertrouwen in het Kruis van onze Heer, welke in het midden van de Kerk staat – de boom uit het Paradijs, de boom van Golgota:

"Uw Kruis, Heer, is leven en opstanding voor Uw volk, daarop hebben wij ons vertrouwen gesteld, en U, onze gekruisigde Heer, bezingen wij: Ontferm U over ons."

In het verheerlijken van Christus, verheerlijkt de Kerk ook Zijn meest zuivere Moeder. Naar mate het lijden van de Zoon groter wordt en de marteling die Zijn Moeder dientengevolge ondergaat ondragelijker, des te luider wordt ook de Moeder

Gods met gezangen geëerd. Het een na laatste antifoon eindigt met de woorden:

"Verheug u, die door de Engel de Vreugde der wereld ontvangen hebt. Verheug u, die gebaard hebt uw eigen Schepper en Heer. Verheug u, die uitverkoren zijt om de Moeder te worden van Christus God."

Plotseling wordt te midden van de verschrikking van deze dag een zacht gejammer gehoord. Dit is het geweeklaag van de misdadiger die aan de rechter hand van Christus was gekruisigd en die inzag hoe de vleesgeworden God lijdend naast hem aan het kruis hing.

"Zacht waren de woorden die de rover uitsprak aan het kruis, groot was het geloof dat hij ten toon stelde, in een oogopslag werd hij gered en ging als eerste door de poorten van het paradijs."

Als een hartenkreet van de gehele wereld werden deze zachte woorden door de rover uitgesproken en als een omhelzing van de hemel voor de gehele mensheid klinkt het antwoord van de Verlosser. Voor even klinken de zachte woorden als een zucht van een lijdend mens die zich tot de lijdende God keert, maar de Kerk heeft deze woorden bewaard en in de harten van de gelovigen zijn die uitgegroeid tot een exapostilarion over de wijze rover. Het wordt driemaal gezongen voorafgaand aan het negende Evangelie:

"De rover hebt Gij op één en dezelfde dag, waardig geoordeeld voor het Paradijs; verlicht ook mij door het hout van Uw Kruis, en verlos mij."

Voorafgaand aan dit exapostilarion worden de woorden van de Bergrede gehoord – de Zaligsprekingen – die het onderwijs, de geboden, van Christus bevatten. De gelovigen staan nu aan de voet van Zijn Kruis en smeken met hun hele hart samen met de rover: "In Uw koninkrijk gedenk ons, o Heer, wanneer Gij in Uw koninkrijk gekomen zijt."

En zo is het werk volbracht. Jezus heeft de geest gegeven. De Heer heeft aan zijn geliefde discipel Johannes zijn alreine Moeder toevertrouwd. Met deze daad heeft Hij tegelijkertijd op symbolische wijze de gehele mensheid aan haar ter adoptie gegeven. Johannes heeft haar van het Kruis weggeleid en in zijn eigen huis gebracht (negende Evangelielezing). Hierna heeft de aanzienlijke raadsman Josef van Arimatea bij Pilatus verzocht om het lichaam van Christus te mogen wegnemen. Samen met Nicodemus heeft hij het in linnen doeken gewikkeld en in een nieuwe graftombe gelegd (tiende en elfde Evangelielezing). Op aandringen van de farizeeën liet Pilatus wachtposten bij het graf van Christus zetten om te voorkomen dat Zijn discipelen het lichaam zouden stelen.

"Zij gingen heen en verzekerden het graf met de wacht, na de steen verzegeld te hebben."

Met deze woorden eindigt de lezing van de twaalf Evangeliën en de vertelling van het lijden van onze Heer Jezus Christus.

HEILIGE EN GOEDE VRIJDAG:
DE KONINKLIJKE UREN

Vrijdagmorgen

De orde van de Uren stamt uit de klassieke oudheid. Reeds vanuit de tijd van de apostelen bestaan er geschriften die verwijzen naar het derde, zesde en negende uur als vaste tijdstippen waarop Christenen bijeen kwamen om te bidden. Bij het aanbreken van de dag richtte ze zich psalmzingend tot God, hetgeen diende als instelling van het eerste uur. Op het derde uur (dat is 9 uur 's ochtends in onze tijd), herdachten ze het nederdalen van de Heilige Geest op de apostelen en beriepen ze zich op Zijn genade. Het zesde uur was bestemd voor de herdenking van de kruisiging van de Zaligmaker, welke op dat tijdstip van de dag plaatsvond. Het negende uur was gewijd aan de gedachtenis van Zijn sterven aan het Kruis. De dienst van elk uur is samengesteld uit drie psalmen, troparia en vastgestelde gebeden. Aan de Koninklijke Uren worden schriftlezingen uit de Evangeliën en profeten toegevoegd.

Op het eerste uur wordt uit het Evangelie naar Matteüs gelezen hoe de hoofdpriesters beraadslaagden om Jezus ter dood te laten brengen en, toen zij hem gevangen hadden laten nemen, overleverden aan Pontius Pilatus, de stadhouder (Matt 27). Op het derde uur wordt uit het Evangelie naar

Markus gelezen over de foltering van Christus in het praetorium. Op het zesde uur wordt de kruisiging van onze Heer Jezus Christus herdacht en op het negende uur Zijn dood.

Het fundamentele idee van de instelling van de Uren als verheerlijking van de heilige momenten waarin onze redding werd bewerkstelligd wordt gerealiseerd in deze samenvloeiing van de uren in één geheel. Net zoals de Liturgie van Grote Donderdag de Liturgie der Liturgieën wordt genoemd, kunnen de Koninklijke Uren[23] van Goede vrijdag ook wel als de Uren der Uren worden beschouwd.

---

[23] De Koninklijke Uren zijn bijzonder plechtig en worden slechts drie keer per jaar gevierd: op de vooravond van de Geboorte van Christus, de vooravond van Theofanie, en op Goede Vrijdag. Deze dienst ontleent zijn naam aan het feit dat deze vroeger officieel werd bijgewoond door de keizer en zijn hof in de Kerk van de Goddelijke Wijsheid in Constantinopel.

VESPERS EN DE UITDRAGING VAN HET EPITAFION[24]

Vrijdagmiddag

In de eerste eeuwen van het Christendom werd Goede Vrijdag 'het Pascha van de Kruisiging' of 'het Pascha van het Kruis' genoemd. De h. apostel Paulus spreekt daarover de woorden: "Want ook ons Paaslam (Pascha) is geslacht: Christus." (1 Kor 5:7) Pas sinds de tweede eeuw wordt 'het Pascha van de wederopstanding' als los element hiervan gezien.

Goede Vrijdag is altijd een dag van strenge vasten en rouw geweest "een dag van droefheid waarop wij vasten". De apostolische brieven bevelen aan hen die daartoe in staat zijn om deze dag in streng vasten door te brengen. Daarom wordt op Goede Vrijdag als teken van rouw niet de Goddelijke Liturgie gevierd aansluitend op de Uren maar plechtige Vespers. Het vastgestelde tijdstip voor de aanvang van deze Vespers is tussen twaalf en drie uur in de middag (dat is dus tussen het zesde en negende uur, de periode van drie uur waarin de kruisiging en dood van onze Heer Jezus Chris-

....

[24] Het *Epitaphion* (Ἐπιτάφιον betekent letterlijk 'op het graf') is een geborduurd en vaak rijkelijk versierd weefsel. Het speelt tijdens de laatste twee dagen van de Heilige Week een belangrijke rol in de diensten die de dood en verrijzenis van Christus gedenken.

tus plaatsvond). In het midden van de Kerk staat een groot kruis opgesteld, dit kruis wordt door de gelovigen vereerd. De eerste gezangen van de Vespers nemen ons mee naar de grote en ontstellende gebeurtenissen op Golgota. Het lijden van de Heer, waarin wij de avond tevoren zijn ingeleid gedurende het lezen van de twaalf Evangeliën, vindt nu voor onze ogen plaats.

> "Welk een ontzagwekkend Mysterie wordt heden volbracht: Gegrepen wordt Hij die onaanraakbaar is; geketend wordt Hij die Adam van de vloek heeft bevrijd; onrechtvaardig ondervraagt men Hem die harten en nieren doorgrondt; opgesloten wordt Hij die de afgrond sluit; voor Pilatus staat Hij voor Wie de hemelse Machten sidderend staan; de Schepper wordt geslagen door de hand van Zijn schepsel; tot het schandhout wordt veroordeeld de Rechter over leven en dood; in het graf sluit men Hem die de hades vernietigt. Uit medelijden hebt Gij dit alles verduurd, om allen van de vloek te verlossen; duldende Heer ere zij U."
> (Laatste van de zes stichieren "Heer ik roep…")

De laatste kreet die de Zoon van God uitroept terwijl hij aan het Kruis sterft dringt door merg en been: "God, Mijn God, zie naar Mij, waarom hebt Gij Mij verlaten?" Het verraad van Judas, de verloochening van Petrus, de vernedering voor Kajafas, de rechtszaak van Pilatus en de verzaking van zijn discipelen was nog niet voldoende om de beker van het lijden voor de Zoon van God te doen overvloeien. Genageld aan het Kruis, sterft hij in onbeschrijfelijke pijn.

> "Zonder zichzelf te scheiden van zijn menselijkheid trok de goddelijkheid zich zo ver terug in de uithoeken van

de ziel van de gekruisigde God, dat Zijn menselijkheid volledig onderworpen werd aan alle verschrikking van hulpeloos leed." (Aartsbisschop Innokenty).

Weliswaar bleef hij alomtegenwoordig, Zijn lichaam was in het graf, zijn ziel daalde neer in het dodenrijk, Hij was in het Paradijs met de rover en met de Vader en de Heilige Geest zat hij in de troon. Hij is de Onbegrensde die alle dingen vervult.

De dag loopt ten einde en zo gaat ook de zon onder over het aardse leven van de vleesgeworden God. De intocht met het Evangelieboek wordt gemaakt en tegelijk wordt het vertroostende avondgezang "Vreugdevol Licht" gezongen. Dit vreugdevolle Licht dat de wereld verlichtte in de loop van Zijn aardse leven gaat nu onder. Dit vreugdevolle licht is het onbeschrijfelijke Goddelijke licht dat Mozes mocht zien op de berg Sinaï, het verblindende glorieuze licht dat van zijn gezicht afstraalde nadat God met hem gesproken had waardoor hij zijn gezicht moest bedekken. Dit glorieuze visioen wordt in de lezing uit Exodus beschreven. De lezing uit het boek Job die daarop volgt laat nog een keer het prototype van Christus in de persoon van de zwaar getroffen Job zien, die door de Heer wordt geprezen voor zijn lankmoedigheid. In de derde lezing uit het oude testament profeteert Jesaja over Christus en beschrijft hem als een dienaar zonder gestalte of luister.

"Wij zagen dat Hij geen opvallend uiterlijk had, noch schoonheid, maar Zijn gestalte was verachtelijk en Hij werd verworpen door alle mensen. Hij was een Man van smarten, vertrouwd met ziekte, ja, als Iemand, van Wie men het gelaat afwendt. Hij is het Die onze zonden draagt en omwille van ons lijdt. Maar wij beschouwden Hem als een door God geslagene, met leed, wonden en kwelling. Hij is om onze zonden gewond en om onze ongerechtigheden gekweld. Hij werd zwak voor onze vrede. Door Zijn striemen werden wij genezen. Wij dwaalden allen als schapen, ieder mens verdwaalde op zijn eigen weg. Maar de Heer leverde Hem over om onze zonden. En toen Hij mishandeld werd, deed Hij Zijn mond niet open. Als een schaap werd Hij ter slachting geleid en als een lam, stom voor zijn scheerder, zo deed Hij Zijn mond niet open." (Jes 53:2-7).

Het is alsof Mozes en Jesaja met elkaar in dialoog zijn over geestelijke zaken. De eerste benadrukt de onbeschrijfelijke eer en heerlijkheid van de Christus terwijl de ander juist stilstaat bij de diepe vernedering die Hij moest ondergaan. Deze beide extremen gaan verloren in de ongelimiteerde oneindigheid van Gods bestaan, want voor ons beperkte menselijke verstand zijn zowel de vernedering van de Heer als Zijn heerlijkheid even onbevattelijk.

Het prokimen van de Epistel verkondigt Davids profetie van de dood van de Heer:

"Zij hebben Mij geworpen in de diepste put, in de duisternis en de schaduw des doods. Heer, God van mijn heil, dag en nacht roep ik voor Uw aanschijn."

De Epistel van de h. Apostel Paulus die hierna gelezen wordt gaat in op de ogenschijnlijk onverenigbare tegenstelling in de twee profetieën uit het oude testament, de mystieke antithese van de glorie en de schande van de Heer. Want, zegt hij, "het woord van het kruis is wel dwaasheid voor hen die verloren gaan, maar voor ons die behouden worden, is het een kracht van God. ...Want het dwaze van God is wijzer dan de mensen en het zwakke van God is sterker dan de mensen." (1 Kor 1:18, 25)

Voorafgaand aan de Evangelielezing worden kaarsen aangestoken en deze blijven branden tot het einde van de dienst. Het Evangelie verhaalt over het sterven en de begrafenis van de Zaligmaker. Hierna wordt een stichier gezongen over Jozef van Arimathea die het zuivere Lichaam van Christus afnam van het kruis en Het met myron wikkelde in een linnen doek. Direct hierna, alsof het nieuws vanuit de hemelen wordt verkondigt klinkt het vers: "De Heer is Koning: met heerlijkheid heeft Hij Zich bekleed." De Heer regeert ook al is hij gestorven, de Heer regeert ook al daalt Hij neer in het dodenrijk, de heer regeert en

"de altijd-spottende hades wordt met vrees vervuld: zijn grendels werden verbroken, zijn poorten uitgerukt: de graven openen zich, de doden stonden op. Toen riep Adam in dankbare vreugde uit: Ere zij Uw lankmoedige nederigheid, Menslievende".

De tweede en derde stichier bezingen de mysterieuze afdaling van de Heer in het dodenrijk en Zijn verheerlijking. De laatste stichier brengt ons wederom van de hemelse hoogten en de diepten van de hel terug naar de tombe van onze Zaligmaker. Jozef en Nicodemus namen Hem van het Kruis af die zich met licht omkleedt als met een gewaad.

"Toen Jozef U aanschouwde, dood, naakt en onbegraven, hief hij vol tederheid onder tranen een treurlied aan: Wee mij, beminde Jezus: Toen de zon U zag hangen aan het Kruis bekleedde zij zich met duisternis; de aarde beefde van vrees; en het voorhangsel van de Tempel scheurde doormidden. Nu zie ik hoe Gij om mij vrijwillig de dood ondergaat. Hoe kan ik U begraven mijn God? Hoe U in linnen wikkelen? Hoe kunnen mijn handen Uw zuiver Lichaam aanraken? Welke liederen zal ik U toezingen op Uw laatste weg, Medelijdende? Ik verhef Uw Lijden; ik bezing Uw begrafenis, en Uw Opstanding en ik roep tot U: Heer, ere zij U."

Na afloop van dit gezang neemt de priester samen met twee parochianen (die Jozef en Nicodemus representeren) het Heilige Epitafion van het altaar en dragen het naar het midden van de kerk. Terwijl het Epitafion wordt gedragen zingt het koor de tropaar:

"De edele Jozef nam Uw aller zuiverst lichaam van het kruis; hij wikkelde het in een reine linnen doek met welriekende kruiden en legde het in een nieuw graf."[25]

Aan het einde van dit gezang begint het kussen van het Heilige Epitafion waarbij men reeds de aanwezigheid van de engel kan voelen die aan de myrondraagsters verkondigede:

---

[25] De woorden van deze tropaar worden elke Goddelijke Liturgie door de priester uitgesproken tijdens de voorbereiding op de viering van de Eucharistie wanneer hij het grote velum van de schouder van de diaken afneemt, bewierookt en hiermee de heilige kelk en de heilige diskos afdekt.

"Myron is passend voor stervelingen, Christus echter bleef vrij van het bederf."

Tijdens de kleine Completen van Goede Vrijdag, een dienst die direct volgt op de Vespers en het uitdragen van het Epitafion, wordt de canon van de klaagzang van de Theotokos[26] gelezen of gezongen. In dit gezang klinkt de diepere betekenis door van een welbekende volkslegende genaamd "De weg der kwellingen van de Theotokos". De Kerk besteed op poëtische wijze aandacht aan hoe het sterven van de Zoon van God en Zijn nederdalen in de Hades werden beleefd door Zijn meest zuivere Moeder. De Kerk wil recht doen aan het leed van zij door wiens hart een zwaard ging, ook als de geschiedschrijvers hierover hebben gezwegen en de mensen achteloos voorbij zijn gegaan aan hoe de dienstmaagd van God de executie van haar Zoon moest aanschouwen. De gezangen van de Kerk zijn voor haar als een diamanten collier van tranen. Een tropaar van het zevende gezang spreekt voor de Moeder Gods:

"Neem mij met u mee op deze dag o mijn Zoon en mijn God. Laat mij niet alleen achter maar laat mij met u afdalen, o meester, in de Hades." "Van nu af zal geen vreugde mij meer beroeren"

....

[26] *Theotokos* (Θεοτόκος) is een eretitel waarmee Orthodoxe Christenen vaak de Moeder Gods aanduiden. Het betekent letterlijk 'zij die God draagt'. Deze term werd in de vijfde eeuw gedogmatiseerd in reactie op de Nestoriaanse ketterij die Maria slechts als moeder van de mens Jezus erkende. De Nestoriaanse leer en de hiermee gepaard gaande splijting van de menselijke en goddelijke persoon van Christus werden op het oecumenisch concilie van Efeze door de Kerk verworpen.

weent de Allerzuiverste.

> "Mijn licht en mijn vreugde zijn in het graf neergedaald: maar ik zal Hem niet alleen laten. Hier zal ik sterven en met Hem begraven worden." "Genees nu mijn verwondde ziel, o mijn Kind."

De Allerzuiverste Theotokos spreekt onder tranen:

> "Verrijs en stil mijn pijn en verdriet want U, o Meester, vermag wat u wilt, zelfs als U uit eigen wil bent begraven."

De Moeder van God, toen zij met haar Zoon aanwezig was op de bruiloft te Kana in Galilea en hem verzocht om het water in wijn te veranderen, geloofde al dat haar Goddelijke Zoon overal toe in staat was. Zij zei tegen de bedienden: "Wat Hij u ook zegt, doe dat!" Ook al ziet zij Hem nu gestorven, toch weet zij dat Hij zal opstaan door de woorden die de aartsengel Gabriel tegen haar sprak op de heerlijke dag van haar Aankondiging. In reactie op haar geloof spreekt de Heer tot Zijn moeder:

> "Omdat ik wenste mijn schepping te redden was het Mijn wil om te sterven, maar Ik zal opstaan en u verheerlijken, want ik ben God van hemel en aarde."

De canon van de klaagzang van de Theotokos eindigt met deze mysterieuze dialoog tussen Zoon en moeder.

DE HEILIGE EN GROTE ZATERDAG

Vrijdagavond

Vespers van Goede Vrijdag gaan over in de Metten van Grote Zaterdag. Dit is de dienst waarin de Kerk het ritueel van de begrafenis van onze Heer Jezus Christus viert. De Metten beginnen meestal laat op vrijdag avond. Na de hexapsalm en de grote litanie worden de drie troparen waarmee Vespers op vrijdag werd beëindigd herhaald: "De edele Jozef nam uw allerzuiverst lichaam", "Toen Gij, het onsterfelijke Leven, nederdaalde tot de dood" en "De Engel bij het graf riep tot de myrondraagsters". Hierna begint de lofzang. De lofzang is een speciale variatie op "De edele Jozef" en Psalm 119. De Joden hadden het gebruik om aan het eind van het Pascha maal psalmen te zingen en in het bijzonder Psalm 119 die toegewijd is aan de uittocht uit Egypte. Volgens het evangelieverhaal, zongen Christus en zijn discipelen toen zij na het laatste avondmaal het huis verlieten psalmen en waarschijnlijk was Psalm 119 daar een van. "En na de lofzang gezongen te hebben vertrokken zij naar de Olijfberg." De Heer zong met de woorden "Geprezen zijt Gij, Here; leer mij uw inzettingen" zelf Zijn eigen begrafenislied terwijl hij naar Zijn lijden en dood onderweg was. Sinds dat moment heeft de Orthodoxe Kerk altijd dit vers gezongen tijdens de begrafenis van de doden.

De lofzang is onderverdeeld in drie onderdelen of "stasen", het oude en het nieuwe verbond roepen elkaar op mysterieuze wijze toe, er vindt een soort dialoog plaats: "Hoe kunt Gij sterven, Die het Leven zijt?" vraagt de Kerk zich af? Christus antwoordt met de profetische woorden van Psalm 119 die over Hemzelf gaan. Hij is Degene die zelfs niet het kleinste gebod van Gods Wet heeft overtreden, die tot het uiterste alles heeft vervult wat over Hem voorzegd was en die met Zijn hele hart de geboden van God heeft liefgehad. Hij had ze meer lief dan alle goud en schatten van de aarde. De Kerk beantwoord elk vers van de psalm door Christus haar God te lofprijzen en door zijn lijden en begrafenis te verheerlijken. De verzen worden gewoonlijk gezongen en de lofprijzingen uitgesproken door de priester of lezer. De lofprijzingen worden besloten met het aanroepen van de Heilige Drie-eenheid om ontferming over de wereld en een verzoek aan de moeder Gods:

"Maak ons, uw dienaren waardig, o Maagd, om de opstanding van uw Zoon te aanschouwen."

Hier wordt in deze woorden voor het eerst over de opstanding gesproken en reeds wordt de opgaande zon van de Verrijzenis gezien. Het koor zing vreugdevol de opstandingstroparia

"De scharen der engelen ontstelden toen zij zagen hoe Gij geteld werd bij de doden."

In het refrein "Gezegend zijt Gij, o Heer" wordt aangekondigd dat de tijd van tranen bijna voorbij is want een engel van het licht vliegt al naar de graftombe van de Levensvorst om de opstanding aan de myrondraagsters aan te kondigen. De steen is echter op dit moment nog niet weggerold van voor het graf en het opstandingsevangelie, dat normaalgesproken onderdeel is van de Metten van zondag, wordt nu nog niet gelezen.

Na de lofzang wordt de uitzonderlijk mooie Canon ingezet die begint met:

> "Die eens in de vloedgolf der zee de vervolgende tiran bedolven had, wordt in de aarde begraven door de zonen van Israël die Hij had gered."

Het irmos van het eerste gezang verwijst naar Jozef en Nicodemus, de nakomelingen van de Joden die bij het oversteken van de Rode Zee gered werden. Zij begraven nu Hém onder de grond die ooit hun achtervolger en onderdrukker Farao onder de golven van de zee begroef. Deze canon is het uitvaartgezang voor Hém die met Zijn begrafenis voor ons de poorten van het leven opent. Talloze profetische beelden uit de boeken van Habakuk, Jesaja en Jona over de opstanding van de doden en over de grote vreugde van alle aardse wezens worden door de Goddelijk geïnspireerde voorkennis van deze aloude heiligen voor ons geschetst. Door het geloof konden deze wijze mannen vanuit de duisternis van het oude verbond het onsterfelijke licht van de openbaring en opstanding van Christus zien.

> "Adams zonde kon wel de mens, doch niet God ter dood brengen. De stoffelijke natuur van Uw vlees heeft geleden, maar Uw Godheid bleef onlijdelijk."

Het resultaat van de zonde van Adam was de dood van de mens, niet de dood van God. Het beeld van God, het goddelijke in de mens, werd hierdoor niet aangetast. Daarom heeft Christus die Zichzelf met menselijk vlees bekleed had, deze bekleding van "stof" overgegeven aan lijden en dood zodat door Zijn goddelijkheid Hij datgene dat aan bederf onderhevig was onvergankelijk kon maken. Zodoende redde hij de mensheid van de dood en schonk hij haar de eeuwige opstanding. Met deze uiterste liefdedaad, waarmee Christus zichzelf in de graftombe plaatst, vervult Hij Zijn eigen woorden over de graankorrel die in de aarde valt en moet sterven om veel vrucht voort te brengen. Dit is de bekroning op de goddelijke incarnatie en is in feite een herschepping van de wereld. De oude Adam is begraven en de nieuwe Adam staat op.

> "Heden hebt Gij, mijn Redder, de Zevende Dag geheiligd die gij eertijds gezegend had, door te rusten van Uw scheppingswerk. Want Gij verandert, hernieuwt en herstelt heel de wereld door de Sabbat te houden."

Bij de eerste schepping van de wereld, nadat hij alles gemaakt had en op de zesde dag de mens gemaakt had, rustte de Heer van al zijn werk op de zevende dag. Hij noemde deze dag "de Sabbat" wat "dag van rust" betekent. Zoals op de zesde dag de Heer de schepping van de mens voltooide, zo heeft hij ook op deze "zesde dag" de gevallen menselijke natuur door zijn kostbare en levendmakende Kruis optgetild uit de vergankelijkheid en vernieuwd. Op de zevende dag nam Hij Zijn rust in het graf:

> "Toen Gij door Uw kracht als Sterkere overwonnen had, werd Uw ziel gescheiden van Uw lichaam, en beiden heb-

ben zij de boeien van de dood en de Hades verbroken, o Woord, door Uw macht." "Uw ziel werd niet in de Hades achtergelaten." "De Hades heerst over het geslacht der stervelingen, doch niet voor eeuwig. Want toen Gij Almachtige in het graf waart gelegd, hebt Gij met Uw leven schenkende hand de poorten van het dodenrijk verbrijzeld, en aan hen die daar van eeuwen her sliepen, hebt Gij de waarachtige Verlossing verkondigd, toen Gij, Verlosser, de Eerstgeborene werd uit de doden."

De canon eindigt met het prachtige irmos:

"Ween niet over mij, o Moeder, nu gij in het graf ziet uw Zoon die gij in uw schoot zonder smet ontvangen hebt. Want ik zal opstaan en verheerlijkt worden en hen in heerlijkheid verhogen die u met geloof en liefde verheerlijken."

De Kerk beantwoord deze belofte door in dankbare liefde te zingen: "Laat alles wat adem heeft de Heere loven." De woorden van het vers "Sta op, o God, oordeel de aarde, want Gij heerst in alle eeuwigheid" weerklinken met vreugdevolle hoop. De sabbat is echter nog niet ten einde en het laatste vers, vol van dogmatische betekenis, herinnert ons hieraan:

"De huidige dag heeft de grote Mozes op geheimnisvolle wijze voorafgebeeld toen hij sprak: en God zegende de Zevende Dag. Want dit is de gezegende Sabbat, dit is de dag van rust, waarop de Eniggeboren Zoon van God gerust heeft van al Zijn werken, overeenkomstig de goddelijke bedoeling van Zijn dood, toen Hij lichamelijk rustte in het graf, en toen Hij, door Zijn opstanding terugkeerde tot wat Hij was, schonk Hij ons het eeuwige leven als de alleen goede en menslievende."

Hierna geeft de Kerk eer aan haar aan wie wij dank verschuldigd zijn voor onze redding:

"Hooggezegend zijt gij, Moeder Gods en maagd, want door Hem Die uit u vlees geworden is, werd Hades veroverd, en werd Adam teruggeroepen, de vloek werd teniet gedaan en Eva werd bevrijd."

Eer aan U die ons het licht heeft getoond" roept de priester uit en hierna wordt de Grote Doxologie gezongen:

"Eer aan God in de hoge en vrede op aarde, in de mensen een welbehagen."

Eens werd dit gezongen door de engelen bij de grot waar de Zaligmaker van de wereld zojuist was geboren. Nu hier bij zijn graf, klinken deze woorden uitzonderlijk plechtig. Tijdens het zingen van het Trisagion[27] wordt het Epitafion vanuit alle vier de windrichtingen driemaal bewierookt door de presbyter[28] die gekleed is in al zijn priesterlijke waardigheid.

....

[27] Het *Trisagion* is een gezang dat terug gaat tot de eerste eeuwen van onze jaartelling. Het vormt een vast onderdeel van de Goddelijke Liturgie. De tekst luidt: "Heilige God, heilige Sterke, heilige Onsterflijke, ontferm U over ons."

[28] *Presbyter* is de een-na-hoogste kerkelijke ambtswijding, onder de wijding van de bisschop (episkopos) en boven de wijding van de diaken. In dagelijks taalgebruik wordt de presbyter vaak priester genoemd. Deze wijding moet echter niet verward worden met het oudtestamentische priesterambt.

Hierna wordt het in processie door de kerk gedragen terwijl de klokken luiden. Dit is de rite van de Begrafenis des Heeren.

Nadat de processie is terug gekeerd wordt de tropaar "De edele Jozef nam uw allerzuiverst lichaam" gezongen en hierna wordt gelezen uit het boek van de profeet Ezechiël, een gedeelte vol van hoopvolle verwachting. Voordat de lezing begint klink het prokimen: "Sta op, Heer, help ons, bevrijd ons omwille van Uw Naam." Hierna horen we:

"De hand des Heren kwam op mij, en de Here voerde mij in de geest naar buiten en zette mij neer in een dal; dat was vol beenderen. Hij deed mij daar aan alle kanten omheen lopen en zie zij lagen in grote menigte door het dal verspreid, en zie zij waren zeer dor. En Hij zeide tot mij: Mensenkind, kunnen deze beenderen herleven? En ik zeide: Here Here, Gij weet het. Toen zeide Hij tot mij: profeteer over deze beenderen en zeg tot hen: gij dorre beenderen, hoort het woord des Heren. Zo spreekt de Here Here tot deze beenderen: Zie Ik breng geest in u, en gij zult herleven; Ik zal spieren op u leggen, vlees op u doen komen, u met een huid overtrekken en geest in u brengen, zodat gij herleeft; en gij zult weten, dat Ik de Here ben."

En terwijl de profeet sprak ontstond er een geruis en beweging en de beenderen begonnen zich aaneen te voegen het ene been aan het andere. Ook begon huid de beenderen te overdekken maar er was nog geen geest in. De Heer gebood:

"Profeteer tot de geest, profeteer, mensenkind, en zeg tot de geest: zo zegt de Here Here: kom van de vier windstreken, o geest, en blaas in deze gedoden, zodat zij herleven.

Toen profeteerde ik, zoals Hij mij bevolen had; en de geest kwam in hen en zij herleefden en gingen op hun voeten staan, een geweldig groot leger."

Hierna zei de Heer, alsof hij bij monde van de profeet de gehele mensheid toesprak:

"Zie Ik open uw graven en zal u uit uw graven doen opkomen, o mijn volk, en u brengen naar uw eigen land. En gij zult weten dat Ik de Here ben, wanneer ik uw graven open en u uit uw graven doe opkomen, o mijn volk. Ik zal mijn Geest in u geven, zodat gij herleeft en Ik zal u doen wonen in uw eigen land; en gij zult weten, dat Ik, de Here, het gesproken en gedaan heb, luidt het woord des Heren."

In deze krachtige beschrijving van de algemene opstanding in het vlees van de gehele mensheid horen we al de stem van de aartsengel en het schallen van de bazuin die het leven van de komende eeuw aankondigen. De hoop en de voorafschaduwingen van het oude verbond worden gerealiseerd. Ons geweeklaag is gehoord, De woorden van de Apostel klinken triomfantelijk:

"Christus heeft ons vrijgekocht van de vloek der wet door voor ons een vloek te worden; want er staat geschreven: Vervloekt is een ieder die aan het hout hangt. Zo is de zegen van Abraham tot de heidenen gekomen in Jezus Christus, opdat wij de belofte des Geestes ontvangen zouden door het geloof."

In afwachting van de overwinning van de Paasnacht klinkt het vers:

> "Dat God verrijze, en dat Zijn vijanden verstrooid worden. Dat zij verdwijnen zoals rook verdwijnt, zoals was smelt voor het vuur. Zo mogen de zondaars ten verderve gaan voor het aanschijn van God."

De evangelielezing die hier op volgt herinnert ons aan het graf dat afgesloten is met de steen en verzegeld is en bewaakt wordt door de wachters. Een laatste keer wordt het Epitafion door de gelovigen gekust en wordt de gezegende Jozef van Arimatea herdacht. Hij was het die onze Heer zijn laatste aardse rustplaats gaf, die in de nacht naar Pilatus ging om het lichaam te vragen van de Mensenzoon die op aarde geen plek had om zijn hoofd neer te leggen. Samen met deze Jozef buigen de gelovigen zich ter aarde voor de Passie van Christus, en met deze diepe buiging eindigen de Metten van de Grote Zaterdag.

VESPERS EN DE LITURGIE VAN HEILIGE EN GROTE ZATERDAG

Zaterdagochtend

Zoals het kostbaar en levendmakend Kruis van Christus de boom van het leven is geworden, de nieuwe boom van het paradijs die op Golgota groeit, zo is het graf van Christus het paleis van onsterfelijkheid geworden. De boom is tot in de hemel gegroeid en zijn wortels reiken tot in de diepten van de Hades.

De Vespers van Grote Zaterdag spreken van de mysterieuze periode tussen het sterven en de opstanding van de Heer. We staan stil bij de machtige en vreugdevolle gebeurtenis van zijn afdalen in het dodenrijk. De herinnering hieraan is bewaard en overgeleverd vanuit kerkelijke traditie van de eerste eeuw en in de gezangen van Grote Zaterdag wordt het krachtig uitgedrukt:

"Heden roept de Hades klagend uit: het ware beter geweest zo ik de uit Maria Geborene niet had opgenomen. Want toen Deze tot mij kwam, heeft Hij aan mijn macht een einde gemaakt. Hij heeft mijn ijzeren poorten verbroken en de zielen die ik reeds zolang gevangen hield, heeft Hij als God weer op doen staan.", "Heden roept de

Hades klagend uit: vernietigd is mijn macht! Ik nam die Dode op als een gewone gestorvene maar Hem kan ik niet gevangen houden. "Heden roept de Hades klagend uit: Verdwenen is mijn macht! Ik ben beroofd van hen over wie ik heerser was."

De laatste woorden van deze gezongen verzen smeden de mysteriën van de kruisiging en de opstanding op mystieke wijze aaneen, geven eer aan God, aan Zijn Kruis en aan Zijn opstanding.

De Vespers van Grote Zaterdag zijn sterk verbonden met de viering van Paaszondag de volgende dag en de gezangen hebben zowel betrekking op Grote Zaterdag als ook op de geanticipeerde opstanding van het Pascha. Met het zingen van het Theotokion-dogmatikon[29] wordt uitdrukking gegeven aan de Orthodoxe uitleg van de rol van de moeder Gods in de heilsgeschiedenis. Zij die de Heer gebaard heeft is de poort des hemels.

"Zij bleek te zijn een hemel en de tempel Gods. Zij heeft de scheidsmuur der vijandschap omvergeworpen, vrede gebracht en het Koninkrijk geopend." "Wees daarom getroost, wees getroost, o volk van God. Want Hij zelf zal onze vijanden bestrijden; want Hij is machtig."

De Paaszon is in opkomst en in haar schijnsel staat samen met Christus de alreine moeder Gods.

Na de intocht met het Evangelieboek en het zingen van het "Vreugdevol licht" begint het lezen van een vijftiental schriftlezingen uit het Oude Testament. Stap voor stap wor-

---

[29] Een gezang aan de Theotokos.

den we meegenomen langs oudtestamentische profetieën die de opstanding van Christus voorafschaduwen. Soms zijn deze prototypes evident en vanzelfsprekend, zoals bijvoorbeeld de zoon van de weduwe die door Elia uit de doden wordt opgewekt en het kind dat door Elisa uit de doden wordt opgewekt. Soms zijn de profetieën echter meer cryptisch en symbolisch, zoals bijvoorbeeld Jona die drie dagen en nachten in de buik van de vis verblijft. Abraham die zijn zoon moet offeren is een typologie van God de Vader en de gehoorzaamheid van Christus. De pot met meel en de kruik met olie die niet opraken zijn een voorafschaduwing van de Eucharistie. Tweemaal worden deze lezingen uit het Oude Testament onderbroken met lofliederen. Na de zesde profetie, die eindigt met het lofprijzingslied dat de Israëlieten zongen toen zij door de Rode Zee waren getrokken, neemt het koor op plechtige wijze de woorden van de lezer over:

"Want heerlijk heeft Hij Zich verheerlijkt."

Terwijl dit loflied door de kerk galmt openen zich de Heilige Deuren[30]. Dit is de symbolische representatie van het open gaan van de hemel. Na afloop van het lezen van de lofzang van de drie jonge mannen die in het midden van het vuur lopen, dit is een schriftlezing uit het boek Daniel, aan het einde van de vijftiende profetie, galmt het door de kerk:

---

[30] In een Orthodoxe kerk zijn de *Heilige Deuren* (ook wel de Mooie Deuren genoemd) de twee middelste deuren die zich in de iconostase bevinden. De iconostase is de met heilige iconen gevulde wand die in fysieke zin het altaar afscheidt van het schip. In geestelijke zin moet de iconostase echter als een raakvlak worden beschouwd en niet als een afscheiding. Het hemelse en het aardse komen hier samen.

"Zing voor de Heer en verhef Hem in alle eeuwen."

Nu openen zich opnieuw de Heilige Deuren en worden wij uitgeleid uit de geschiedenis van het oude verbond en gaan wij binnen in het nieuwe verbond van de vreugde. Dit is het eeuwige Koninkrijk.

De liturgie van Grote Zaterdag begint met het zingen van het vers "Zovelen als er in Christus gedoopt zijn hebben Christus aangetrokken." Dit wordt in plaats van het Trisagion gezongen. In de vroege eeuwen van de kerk werden catechumenen[31] vaak op Grote Zaterdag gedoopt en in de kerk opgenomen. Dit vers is dus in het bijzonder aan hen gericht. Naast de historische betekenis hebben deze woorden ook een diepere mystieke betekenis. Deze betekenis wordt duidelijk in de epistellezing. In het prokimen wordt het mysterie van de verlossing en de verheerlijking van de hele schepping tezamen met de mens geanticipeerd:

"Dat heel de aarde U aanbidde en voor U psalmzinge. Juicht voor de Heer, gehele aarde, breng lof aan Zijn heerlijkheid."

De epistellezing verklaart wat er staat te gebeuren: gedoopt worden in de dood van de Heer.

---

[31] Een catechumeen is iemand die zich voorbereidt om in de Orthodoxe Katholieke Kerk ontvangen te worden. Hieraan gaat doorgaans een periode van een jaar vooraf. Niet-kerkelijken worden in de Kerk opgenomen door het ontvangen van de Mysteriën van de Heilige Doop, de Myronzalving en de Eucharistie. Voor Christenen uit heterodoxe gemeenschappen die reeds in de naam van de Drievuldigheid zijn ondergedompeld volstaat vaak het ontvangen van de Myronzalving en de Eucharistie.

"Wij allen die in Christus Jezus zijn gedoopt, zijn in Zijn dood gedoopt. Wij zijn dus met Hem begraven door de doop in de dood, opdat evenals Christus uit de doden is opgewekt tot de heerlijkheid van de Vader, zo ook wij in een nieuw leven zouden wandelen. Want als wij met Hem samengegroeid zijn, in de gelijkheid van Zijn dood, dan zullen wij het ook zijn in de opstanding. Dit weten wij toch, dat onze oude mens met Hem gekruisigd is, opdat het lichaam van de zonde teniet gedaan zou worden en wij niet langer slaaf van de zonde zouden zijn. Als wij nu met Christus gestorven zijn, geloven wij dat wij ook met Hem zullen leven. ... Zo dient ook gij uzelf te beschouwen als dood voor de zonde, en levend voor God in Christus Jezus, onze Heer." (Rom 6: 3-11)

Grote Zaterdag, die in het oude testament de voltooiing van de schepping van de wereld representeert, manifesteert in het nieuwe testament het begin van het nieuwe leven in Christus. Dit nieuwe leven kan alleen verkregen worden door inkeer en "doop tot vergeving van zonden." Na het lezen van de epistel komt het koor naar voren en positioneert zich in het midden van de kerk: de lezer, gekleed in het wit, gaat recht voor het Epitafion staan en roept in plaats van het gebruikelijke "alleluia" uit:

"Sta op, o God, oordeel de aarde want alle volken behoren U toe."

Het koor herhaalt dit vers na hem. Dit plechtige gezang in witte gewaden representeert de verschijning van de Engelen bij het graf aan de myrondraagsters. Met het uitroepen van deze woorden start in de kerk een proces van verandering.

Het begint in het heiligdom waar priesters en diakenen hun donkere gewaden wisselen voor lichte. Ook wordt de bedekking van het altaar veranderd. Dit proces breidt zich als een lopend vuurtje verder uit in de kerk. Alles wordt getransformeerd door de zich verspreidende paasvreugde. Het Evangelie spreekt van deze grote vreugde die aan de myrondraagsters verkondigt werd door de engel en die door de Heer zelf aan zijn discipelen werd verkondigt:

> "Zie, Ik ben met u al de dagen tot aan de voleinding der wereld. Amen." (Matt 28: 1-20)

Dit is de grootst mogelijke vreugde. Groter dan welke vreugde er ook ooit geweest is en groter dan wat voor een vreugde er ook ooit zal zijn in de geschiedenis van de mensheid.

Na de lezing van het Evangelie wordt de Liturgie van de h. Basilius de Grote gevierd. In plaats van het cherubijnenlied wordt het volgende gezang gezongen:

> "Dat alle sterfelijke vlees nu zwijge en staande met vreze en beven aan niets aards in zichzelf meer denke want de Koning der koningen en de Heer der heersers treedt nader om geslacht te worden en gegeven tot spijze der gelovigen. Voor Hem uit schrijden de koren der engelen met alle vorstendommen en machten de veelogige cherubijnen en de zesvleugelige serafijnen die hun aangezicht bedekken en de lofzang jubelen. Alleluja, alleluja, alleluja."[32]

---

[32] Dit zeer oude gezang gaat terug tot de eerste eeuwen na Christus en is gebaseerd op de woorden van Habakuk 2:20. Het stamt oorspronkelijk uit de Goddelijke Liturgie van de h. Jakobus de Rechtvaardige.

Op deze dag van grote stilte moet niets de plechtige rust verstoren. Geen persoonlijke menselijke gedachten, geen aardse bezigheden mogen het heilige der heilige binnendringen, de plek die door de legerscharen der engelen met vrees en beven wordt genaderd. De gelovigen worden overgelaten aan de overpeinzing van het wonderbaarlijke en verbazingwekkende visioen van de Koning der Koningen en de Heer der Heren die zijn vrijwillige opoffering en dood tegemoet gaat. De complete inhoud van de passiediensten, de onmetelijke rijkdom aan beleving die erin vertegenwoordigd is worden hier gemengd in de mysterieuze vereniging van het Pascha van de Kruisiging en het Pascha van de Verrijzenis. De Heer der overheden en machten wordt gezien als een Lam, waarvan de ziener heeft gesproken:

"En ik zag in het midden van de troon… een lam, staan als geslacht." (Op 5:6)

De geschiedschrijving valt stil, tijd vervaagt en in de hieropvolgende viering van de Mysteriën van de liturgie nemen we deel aan het eeuwige leven en de eeuwige gelukzaligheid.

PENTEKOSTARION:
DE DIENST VAN DE PAASNACHT

Zaterdagnacht

Sinds het aller vroegste begin van het Christendom hebben de gelovigen de Paasnacht in de kerk doorgebracht. Volgens de historicus Eusebius van Caesarea, liet de h. Keizer Constantijn de Grote de Paasnacht zo helder verlichten als een stralende dag doordat hij in heel Constantinopel op hoge pilaren vuren liet aansteken die het duister van de nacht verdreven. Om klokslag acht in de avond wordt aangevangen met het lezen van het boek van de Handelingen der Apostelen. Het boek van de Handelingen staat in het teken van het nieuwe leven, het leven van de Kerk die vrijgekocht is door het Bloed van Christus. Om half twaalf begint het koor met het zingen van de canon van Grote Zaterdag "Die eens in de vloedgolf der zee..." Nu klinken de mysterieuze woorden anders dan hiervoor. Niet langer is er een ondertoon van smart, de ziel kan nu de vreugdevolle aankondiging van de opstanding bemerken. Tijdens de middernachtdienst wordt het Epitafion, het icoon van de gestorven Christus, het heiligdom ingedragen en op het altaar geplaatst. Hier zal het blijven tot het feest van de Hemelvaart als herinnering aan het verblijf van de Heer op aarde voor veertig dagen na zijn opstanding.

PAASMETTEN

De Paasmetten beginnen om middernacht met een plechtige optocht rondom de kerk. De priesters en diakenen gaan gekleed in hun lichtste en meest stralende gewaden. Zij dragen het kruis, het evangelieboek, iconen en banieren en worden met brandende kaarsen omringt door heel het volk van de gelovigen. Terwijl de klokken vreugdevol luiden, verlaat de processie de kerk alsof ze in de nacht haar naderende Verlosser tegemoet gaat. De gelovigen zingen:

> "Uw verrijzenis, o Christus onze Heiland, bezingen de Engelen in de hemel; maak ook ons op aarde waardig, om U met een rein hart te verheerlijken."

Het engelengezang wordt in de hemelen al gehoord, maar de gelovigen gaan nog steeds in het duister van de nacht in optocht rondom de kerk. Hun harten echter, kloppen al vol verwachting in afwachting van de vreugde van de opstanding die alles verlicht. Wanneer de processie rondom de kerk is gegaan houd zij voor de dichte deuren van de kerk stil alsof ze voor de ingang van de graftombe van de Heer staat. Nu klinkt het vreugdevolle nieuws en allen zingen vol blijdschap de Paastropaar:

"Christus verrezen uit de doden, door Zijn dood vertreedt Hij de dood, en schenkt weer het leven aan hen in het graf."

De deuren van de kerk gaan open en de hele heilige vergadering van gelovigen gaat op plechtige wijze de kerk binnen. Deze is nu helder verlicht. Het zingen van de Paascanon begint. Volgens de interpretatie van het Synaxarion[33], waaruit een kort gedeelte wordt gelezen na de zesde ode, betekent het woord Pascha overgaan van het ene in het andere. Dit is een overgang van niet-zijn in zijn, een overgang van dood en vergankelijkheid in onsterfelijkheid en onvergankelijkheid. Deze laatste toestand is de originele en natuurlijke toestand van de mens. Het canon begint met de verheerlijking van het Pascha als de overgang van het menselijk bestaan naar zijn originele staat – dat is onsterfelijkheid en eeuwig leven.

Eerste ode	Irmos
	"De Opstandingsdag, laat ons stralen volkeren. Pascha des Heren Pascha, want uit de dood naar het leven, en van de aarde naar de hemel heeft Christus onze God, ons overgebracht, die de zegehymne zingen."
Refrein	"Christus verrezen uit de doden, door Zijn dood vertreed hij de dood, en schenkt weer het leven aan hen in het graf."
	Tropaar

....

[33] Het Synaxarion is een boek dat beschrijvingen en notities bevat aangaande de liturgische orde, de feestdagen van het liturgische jaar en het leven van de heiligen.

"Laat ons zuiver zijn van zinnen en wij zullen zien in het ontoegankelijk Licht van de Opstanding, hoe Christus zelf heerlijk straalt, en duidelijk horen wij hoe Hij ons zegt: verheugt u, die de zegehymne zingen."

Derde ode Irmos

"Komt en drinken wij de nieuwe drank die niet wonderbaar uit de harde rots tevoorschijn komt; het is de bron vrij van bederf Die opwelt uit het graf van Christus, in Wie wij gegrondvest zijn."

Tropaar

"Nu is alles geheel vervuld van licht, zowel hemel als aarde en de onderwereld. Laat heel de schepping dan feestelijk vieren de Opstanding van Christus, waarin zij gegrondvest is.
Gisteren werd ik met U begraven Christus, heden word ik met U opgewekt in Uw Opstanding; gisteren gekruisigd met U, verheerlijk mij, o Heiland, met U, in Uw Koninkrijk"

Vierde ode Irmos

"Laat op de goddelijke wacht de Godverkondiger Habakuk bij ons staan en ons laten zien de lichtstralende Engel, die door dringend tot ons zegt: Heden is er verlossing voor de wereld, want Hij is opgestaan Christus de Almachtige."

Verslagen door de ogenschijnlijke overwinning van het kwaad zag de profeet Habakuk verlangend uit naar een woord van God over de triomf van gerechtigheid en de redding van de wereld. Christus kwam als het mannelijke kind dat de schoot van de maagd opende. Als waarachtig God is Hij foutloos, ongerept, niet bevlekt door zonde. Slechts Hij, als het onberispelijke Lam, kon ons Paaslam worden, onze verlossing van de verdorvenheid en dood.

Vijfde ode   Irmos
"Kom vroeg in de morgen voor de dageraad, om onze hymne te brengen aan de Meester in plaats van myron; en wij zullen Christus zien, de Zon der gerechtigheid, Die het leven voor allen doet opstralen."

De geboeiden in de kluisters van de Hades, zagen vol vreugde Zijn onmetelijke barmhartigheid. Hun voeten dansend opspringend, snelden zij naar het Licht van Christus, blij om het eeuwige Pascha. Er is leven na de dood – dat is de essentie van de Paasoverwinning. Christus deed hen die voor zijn komst waren gestorven maar op Hem gehoopt hadden opstaan. Hij deed ook de doden opstaan die na Zijn komst in Hem geloofden, en hij zal hen doen opstaan die nu en in de toekomstige eeuwen sterven. Voor hen allen, voor ons allen, is het wachten na de dood op zijn Zijn glorieuze tweede komst slechts een drie dagen durend verblijf in het graf naar het voorbeeld en beeld van Christus Zelf. Orthodoxe Christenen brengen deze blijde boodschap aan de graven van hun overleden geliefden tijdens het Paasfeest.

Christus kwam tevoorschijn uit het graf als een Bruidegom. Laten wij hem dus tegemoet gaan met onze brandende olielampen in de hand en samen met de verblijdde engelenschaar Gods zaligmakende Pascha vieren.

Ode zes   Irmos

"Gij zijt neergedaald in de diepten der aarde en verbrijzelde de eeuwige grendels, die vasthielden de gevangenen, o Christus, en de derde dag zijt Gij opgestaan uit het graf, zoals Jonas uit het zeemonster."

Kondaak[34]

"Ofschoon Gij in het graf zijt neergedaald, o Onsterfelijke, hebt Gij de macht van de Hades vernietigd. Gij zijt opgestaan als overwinnaar, Christus onze God; en Gij riept tot de myrondraagsters: verheugt u; en aan Uw apostelen schonk Gij de vrede; Gij Die de gevallenen de opstanding verleent."

Van de mystieke hoogten der overdenking leidt het kondaak ons weer naar het niveau van de historische gebeurtenis van de wederopstanding. Het ikos[35] dat erop volgt verhaalt over de emoties van de heilige myrondragende vrouwen die zich naar de graftombe haastten. Zij gaan het lichaam balsemen van Hem die de Levengevende is en tegelijkertijd in het graf ligt, Hij die Adam het leven had ingeblazen maar nu zelf begraven is. Zoals de wijzen uit het Oosten haastten ze zich om Hem te aanbidden, nu niet met doeken ingebakerd in en kribbe maar gewikkeld in lijkwindsels. Hun klaagzang verandert echter in een lied van vreugde wanneer zij het visioen zien van de engel die hen de opstanding verkondigt. Dit vreugdegezang wordt elke zondag tijdens de Metten gezongen:

---

[34] Een *kondaak* is in de Byzantijnse muzikale traditie een gezang dat vaak uit meerdere strofen (ikoi) bestaat. Het heeft meestal een Bijbels thema en kan een dialoog tussen Bijbelse personages bevatten.

[35] Een *ikos* is een strofe binnen een kondaak

"Nu wij Christus' opstanding aanschouwd hebben, laat ons aanbidden de heilige Heer Jezus, die alleen zonder zonde is.

"Uw Kruis vereren wij, o Christus en Uw heilige opstanding bezingen en verheerlijken wij; want Gij zijt onze God. Buiten U kennen wij geen andere: Uw naam noemen wij. Komt alle gelovigen, laat ons aanbidden de heilige opstanding van Christus. Want zie, door het kruis kwam er vreugde over de gehele wereld. Altijd de Heer zegenend, bezingen wij Zijn opstanding; want Hij heeft aan het kruis geleden, en door Zijn dood de dood vernietigd."

Ode zeven	Tropaar
	"Wij vieren, dat de dood is ter dood gebracht, dat de Hades vernietigd is, en een nieuw begin van ander eeuwig leven en vol vreugde bezingen wij de Oorzaak, de eniggezegende God onzer Vaderen, hoogheerlijk en roemrijk."
Ode acht	De achtste ode herinnert ons eraan dat de paasvreugde een eucharistische vreugde is die door Christus aan de hele wereld wordt gegeven.
	Tropaar

> "Komt en laat ons smaken van de nieuwe
> vrucht der wijnstok der goddelijke vreugde,
> op die heerlijke dag van de Opstanding, laat
> ons deel hebben aan het Koninkrijk van
> Christus, en bezingen wij Hem als God in
> alle eeuwen.
>
> Verhef uw ogen, o Sion (dit is een groet
> aan de Kerk van het Nieuwe Verbond)
> en schouw rondom, want zie tot u zijn
> gekomen goddelijke stralende sterren uit
> het Zuiden en het Noorden, uit het Westen
> en het Oosten uw kinderen die Christus in u
> zegenen, in alle eeuwen."

De achtste ode eindigt met de verheerlijking van de Heilige Drie-eenheid. Normaalgesproken komt in de Metten na de achtste ode het Magnificat[36]. Nu echter wordt dit vervangen door een speciaal paasrefrein dat de lijdende, begraven en verrezen Christus verheerlijkt en een gezang van de engel aan haar die Christus ter wereld bracht:

> "De engel riep uit tot de hoogbegenadigde: Verheug u reine Maagd, en weer zeg ik: verheug u, want zie uw Zoon is immers opgestaan, ten derde dage uit het graf."

Negende ode	De Moeder Gods is het Nieuwe Jeruzalem, het Sion van het Nieuwe Verbond, de heerlijkheid van de Kerk en het irmos van de negende ode verenigt haar voorstelling met dat van de verheerlijkte Kerk van Christus

....

[36] Het *Magnificat* is ook wel bekend als de Ode van de Theotokos of de lofzang van Maria ("Mijn ziel maakt groot de Here…"). De tekst komt uit het Evangelie naar Lucas 1:46 – 55.

> Irmos
>
> "Word verlicht, word verlicht, O nieuw Jeruzalem, want des Heren heerlijkheid, is over u opgegaan. Dans en verheug u nu Sion en Gij o reine Maagd, verblijd u Moeder Gods, want zie Uw Zoon is opgestaan."

In de tropaar van de negende ode bereikt de paasvreugde haar hoogste expressie. De ziel loopt over van aanbidding en kan geen woorden meer vinden om aan deze zaligheid uitdrukking te geven.

> Tropaar
>
> "Hoe goddelijk, beminnelijk, hoe aller zoetst is Uw stem, want Gij hebt ons verzekerd, dat Gij met ons zult zijn, tot aan het einde der eeuwen o Christus. Gelovigen dit hebben wij als anker van hoop, en daarom verheugen wij ons."

Het volgende exapostilarion vertelt ons wederom in duidelijke woorden over de samenhang tussen het Pascha van het Kruis en het Pascha van de Wederopstanding.

> "Toen Gij naar het vlees waart ontslapen, als een sterveling, Koning en Heer, zijt Gij ten derde dagen opgestaan, na Adam te hebben opgewekt uit het verderf, en de dood te hebben verdelgd. Pascha der onverderfelijkheid, Redding van de wereld."

Aan het eind van de Metten worden de plechtige paasstichieren gezongen

STICHIEREN VAN DE WEDEROPSTANDING

Vers: Dat God verrijze en dat zijn vijanden verstrooid worden.

Het heilige Pascha is ons heden geopenbaard. Het nieuwe en heilige, het mystieke Pascha; het eerbiedwaardige Pascha, Christus Verlosser; het smetteloze Pascha; het grote Pascha; Pascha der gelovigen; Pascha dat de poorten van het paradijs voor ons opent: Pascha dat alle gelovigen heiligt.

Vers: Zij mogen verdwijnen zoals rook verwaait, en zo als was smelt voor het vuur.

Kom, gij vrouwen, breng de blijde boodschap van wat gij hebt gezien; en ga aan Sion zeggen: ontvang van ons de vreugdevolle boodschap van Christus' opstanding; verheug u, dans en jubel, Jeruzalem, nu gij Christus de Koning als Bruidegom hebt zien treden uit het graf.

Vers: Zo zullen de zondaars ten verderve gaan voor Gods aangezicht, en de rechtvaardigen zullen zich verheugen.

Vroeg in de morgen kwamen de myrondraagsters, en zij stonden bij het graf van de Levenschenker. Daar vonden zij een engel die op de steen gezeten was. En toen richtte hij het woord tot hen en zeide aldus: Waarom, zoekt gij de levende bij de doden? Waarom beweent gij de onbederflijke in het bederf? Ga heen en verkondig het aan Zijn leerlingen.

Vers: Dit is de dag die de Heer gemaakt heeft, laten wij daarop juichen en ons verheugen.

Lieflijk Pascha; Pascha des Heren, Pascha; het eerbiedwaardig Pascha is voor ons opgestraald. Pascha, laat ons elkaar met vreugde omhelzen. O Pascha, vrij van droefheid, want heden is Christus opgestraald uit het graf als uit een bruidsvertrek; de vrouwen vervulde Hij met vreugde zeggend: verkondig het aan de apostelen.

Eer aan de Vader en aan de Zoon en aan de Heilige Geest. Zoals het was in het begin, zo ook nu, en in de eeuwen der eeuwen. Amen.

Dag der Opstanding laat ons stralen, op het schitterende grote feest en laat ons elkaar omhelzen. Broeders laat ons zeggen, ook tot wie ons haten, laat ons alles vergeven omwille van de Opstanding en laat ons aldus roepen: Christus verrezen uit de doden. Door zijn dood vertreed hij de dood, en schenkt weer het leven aan hen in het graf.

Na het zingen van de laatste stichier vindt de ceremonie plaats van de begroeting met de drie zoenen. Hiervan zegt het Pentecostarion: "Wij gaan door met het zingen van 'Christus verrezen..' terwijl de broeders elkaar kussen." Het gebruik om elkaar te groeten met de broederlijke kus is zeer oud. In de vroege kerk werd deze gewoonte tijdens elke liturgie in acht genomen. In de meeste parochies is hiervan slechts de broederlijke omhelzing overgebleven tijdens elke liturgie voorafgaand aan de Eucharistische Canon. Dan groeten de presbyter en diaken elkaar met de woorden: "Christus is in ons midden. Hij is en hij zal zijn."

Tijdens de Paasmetten groeten de gelovigen eerst de presbyter en diaken en daarna elkaar. Telkens wordt de Paasgroet uitgesproken: "Christus is opgestaan." "Hij is waarlijk opgestaan." en hierop worden drie kussen uitgewisseld. De woorden "Christus is opgestaan, hij is waarlijk opgestaan" worden onophoudelijk gehoord tijdens de gehele Paasmetten. Tussen het zingen door wordt de gemeente bewierookt door de presbyter of diaken terwijl hij vreugdevol de Paasgroet uitspreekt. "Hij is waarlijk opgestaan" klinkt uit vele monden in reactie hierop en deze vrolijke uitroepen van de gemeente mengen zich met het uitbundige gezang van het koor. De Metten eindigen met de plechtige lezing van de catechetische preek van de h. Johannes Chrysostomos vanuit de Heilige Deuren.

De preek verkondigd op de heilige en stralende dag van de glorieuze en verlossende opstanding van Christus, onze God door onze heilige vader Johannes Chrysostomos.

Zo iemand vroom en Godminnend is, laat hij genieten van deze schone en stralende plechtigheid.

Zo iemand een goedwillend dienaar is, laat hij vol blijdschap binnentreden in de vreugde van zijn Heer.

Zo iemand zich heeft afgetobd met vasten, hij neme nu zijn beloning in ontvangst.

Zo iemand vanaf het eerste uur heeft gearbeid, hij ontvange vandaag het hem toekomende loon.

Zo iemand na het derde uur is gekomen, ook hij viere feest vol dankbaarheid.

Zo iemand na het zesde uur is binnengegaan, laat hij niet aarzelen: immers, hij zal geen schade lijden.

Zo iemand pas op het negende uur aankwam, laat hij toetreden zonder weifeling.

Ja zelfs, zo iemand eerst ter elfder ure is gekomen, laat hij niet bang zijn wegens zijn traagheid:

de Meester toch is mild, en aanvaardt de laatste zowel als de eerste.

Hij brengt in de rust hem die te elfder ure aankwam zowel als degene die gearbeid heeft vanaf het eerste uur.

De trage betoont Hij Zijn mededogen, de eersten omringt Hij met zorgen.

De één geeft Hij wat hem toekomt, de anderen schenkt hij om niet.

Hun werken aanvaardt Hij; over de goede bedoeling verheugt Hij Zich.

De daad eert Hij, het goede voornemen prijst Hij.

Zijt ge nog niet allen binnengegaan in de vreugde van uw Heer?

Eersten en laatsten, neemt uw loon in ontvangst.

Rijken en armen, danst met elkaar!

Strengen en lichtzinnigen, viert deze Dag.

Gij die gevast hebt en gij die niet gevast hebt, verheugt u vandaag.

De tafel is zwaar van de spijzen: komt er allen van genieten.

Het kalfsvlees is overvloedig, laat niemand hongerig heengaan.

Komt allen genieten van het feestmaal des geloofs.

Komt allen genieten van de rijkdom der goedertierenheid.

Niemand klage over zijn armoede, want voor allen is het koninkrijk opgestraald.

Niemand jammere over zijn fouten, want uit het Graf is vergeving opgebloeid.

Niemand vreze meer de dood, want de dood van de Verlosser heeft ons vrijgemaakt.

Toen de dood Hem vastgreep, heeft Hij die vernietigd.

Uitgeplunderd heeft Hij de hades, toen Hij in de de hades was afgedaald.

Hij heeft hem verbitterd, toen deze geproefd had van Zijn vlees.

Zoals Jesaja, die voorspellend, heeft uitgeroepen: "Hades werd verbitterd, toen hij in de onderwereld met U samentrof."

Hij werd verbitterd, immers hij werd krachteloos gemaakt.

Hij werd verbitterd, immers hij werd bespot.

Hij werd verbitterd, immers hij werd tot een lijk gemaakt.

Hij werd verbitterd, immers hij werd teniet gedaan.

Hij werd verbitterd, immers hij werd in boeien gekluisterd.

Hij kreeg in handen een lichaam, en bevond zich tegenover God.

Hij kreeg aarde, en vond tegenover zich een Hemel.

Hij nam wat hij zag, en viel vanwaar hij niet meer kón zien.

Dood waar is uw prikkel? Hades waar is uw prooi?

Opgestaan is Christus, en gij zijt ter neer geworpen.

Opgestaan is Christus, en gevallen zijn de demonen.

Opgestaan is Christus, en de engelen verheugen zich.

Opgestaan is Christus, en leven heerst alom.

Opgestaan is Christus, en geen dode is er meer in het graf.

Want Christus, opgestaan uit de doden, is geworden de Eersteling der ontslapenen.

Hem zij de roem en de kracht, in de eeuwen der eeuwen. Amen.

DE PAASLITURGIE

Tijdens de Paasliturgie worden de Uren vervangen met vreugdevol gezongen stichieren gekozen uit de Paascanon. Er worden geen teksten voorgelezen, alles wordt gezongen. De Heilige Deuren en de noordelijke en zuidelijke deuren die toegang geven tot het heiligdom blijven nu geopend om te benadrukken dat de hemel voor ons open staat. De Heilige Deuren worden niet gesloten tot na de liturgie van zaterdag na Pasen. De Goddelijke Liturgie van Pasen wordt gevierd volgens de rite van de heilige vader Johannes Chrysostomos en staat in het teken van de vreugde van de Wederopstanding. De Paastropaar en andere Paasgezangen worden vaak herhaald. In plaats van het Trisagion wordt het gezang "Zovelen als er in Christus gedoopt zijn hebben Christus aangetrokken" gezongen. Nu echter betekent het aantrekken van Christus niet uitsluitend met hem gekruisigd worden maar het verwijst ook naar het met Hem weder opstaan zoals het vers van het canon luidt: "Gisteren, o Christus, werd ik met U begraven, en vandaag sta ik op met uw Wederopstanding." In plaats van de epistellezing wordt nu het eerste hoofdstuk van de Handelingen der Apostelen gelezen. Dit tekstgedeelte verhaalt over de verschijning van de Zaligmaker aan Zijn discipelen bij de Wederopstanding en zijn opdracht om Jeruzalem niet te verlaten maar om te wachten op het neerdalen van de Geest (de Trooster) wiens komst Hij beloofd had.

De evangelielezing tijdens de Paasliturgie plaatst ons in de eeuwigheid. Het lijkt misschien raar dat het aangewezen tekstgedeelte uit het evangelie voor deze dienst niet spreekt van de Wederopstanding. In werkelijkheid is het eerste hoofdstuk van het Evangelie naar Johannes een openbaring van één van de belangrijkste en fundamentele waarheden van de hele heilsgeschiedenis waarvan het Evangelie spreekt.

> "In den beginne was het Woord en het Woord was bij God en het Woord was God."

Jezus Christus, die geleden heeft en door ons begraven werd in de vorm van een dienstknecht en verrees in heerlijkheid als God, is de tweede persoon van de Heilige Drie-eenheid. Hij is het Woord en Hij is van eeuwigheid aan de boezem van de Vader.

> "In Hem was leven en het leven was het licht der mensen." En "het Woord is vlees geworden en het heeft onder ons gewoond en wij hebben zijn heerlijkheid aanschouwd, een heerlijkheid als van de eniggeborene des Vaders, vol van genade en waarheid... uit zijn volheid hebben wij allen ontvangen zelfs genade op genade." (Joh 1:1-17)

In deze woorden wordt de hoogste dogmatische openbaring van de Incarnatie gevonden. Dit evangelie wordt normaal gesproken in meerdere talen gelezen als teken van de universaliteit van het Christelijk geloof.

De liturgie wordt voortgezet in vreugde en blijmoedigheid. Het cherubijnen gezang heeft een nieuwe inslag want de engelen die de Koning der Koningen verheerlijken zijn nu afgedaald naar de aarde om het goede nieuws van zijn opstanding te verkondigen. Ook de woorden van de geloofsbelijdenis

> "Hij heeft geleden en is begraven. En ten derden dage is hij verrezen volgend de Schriften"

klinken nieuw. Met nieuwe toewijding brengen we onze dank aan de Heer, ons realiserend dat het woord "Eucharistie" dankzegging betekend. Vanaf apostolische tijden is het gebruikelijk geweest voor Christenen om deze nacht te heiligen met het ontvangen van de Heilige Gaven. Want, de vreugde van het Pascha is de vreugde van de Eucharistie.

De Paasliturgie eindigt met een uitbundig "Christus verrezen uit de doden", waarmee het koor antwoord geeft op de uitroepen van de presbyter. Deze vreugde is onbegrensd en deze uitbundige verrukking is een voorafschaduwing van het komende Koninkrijk der Heerlijkheid beschreven in de Openbaring van de heilige Johannes.

> "En ik hoorde als een stem van een grote schare en als een stem van vele wateren en als een stem van zware donderslagen, zeggende: Halleluja! Want de Here, onze God, de Almachtige, heeft het koningschap aanvaard. Laten wij blijde zijn en vreugde bedrijven en Hem de eer geven, want de bruiloft des Lams is gekomen en zijn vrouw heeft zich gereedgemaakt; en haar is gegeven zich met blinkend en smetteloos fijn linnen te kleden, want dit fijne linnen zijn de rechtvaardige daden der heiligen." (Op 19:6-8)

De vrouw en de bruid van het Lam is de Kerk van Christus die, zichzelf nu getooid hebbende met al haar vreugde en schoonheid, zich verblijd en feestviert en iedereen uitnodigt om deel te nemen aan dit stralende feest van Liefde.

> "En de Geest en de bruid zeggen: Kom! En wie het hoort, zegge: Kom! En wie dorst heeft, kome, en wie wil, neme het water des levens om niet." (Op 22:17)

Dit Levend Water is Christus – het nieuwe Paaslam, het Levende Offer, het Lam van God dat de zonden der wereld weg neemt.

Uitgeverij Orthodox Logos

- *De Orthodoxe Kerk: Verleden en heden* – Jean Meyendorff
- *Biecht en communie* – Alexander Schmemann
- *Verliefd Zijn op het Leven* – Samensteller: Maxim Hodak
- *De Orthodoxe Kerk* – Aartspriester Sergei Hackel
- *De mensenrechten in het licht van het Evangelie* – Nicolas Lossky
- *Geboren in Haat Herboren in Liefde* – Klaus Kenneth
- *Hegoumena Thaissia van Leouchino: brieven aan een novice*
- *Het Jezusgebed* – Een monnik van de oosterse kerk
- *Gebedenboek Voor Kinderen: Volgens De Orthodox Christelijke Traditie*
- *Dagboek Van Keizerin Alexandra* – Keizerin Alexandra
- *Mijn ontmoeting met Archimandriet Sophrony* – Aartspriester Silouan Osseel
- *Stap voor stap veranderen* – Vader Meletios Webber
- *De Weg Naar Binnen* – Metropoliet Anthony (Bloom) Van Sourozh
- *Geraakt door God's liefde* – Klooster van de Levenschenkende Bron Chania
- *De Heilige Silouan de Athoniet* – Archimandrite Sophrony
- *The Beatitudes: A Pathway to Theosis* – Christopher J. Mertens
- *De Kracht van de Naam* – Metropoliet Kallistos van Diokleia
- *De Orthodoxe Weg* – Metropoliet Kallistos van Diokleia
- *Serafim van Sarov* – Irina Goraïnoff
- *Feesten van de Orthodoxe Kerk – een Leerzaam Kleurboek*
- *Catechetisch Woord over het Gebed van het Hart* – Aartspreiester Silouan Osseel
- *Naar de Eenheid?* – Leonide Ouspensky
- *Bidden Met Ikonen* – Jim Forest
- *Onze Gedachten Bepalen Ons Leven* – Vader Thaddeus Van Vitovnica

- *Alledaagse Heiligen En Andere Verhalen* – Archimandriet Tichon (Sjevkoenov)
- *Geestelijke Brieven* – Vader Jozef De Hesychast
- *Nihilisme* – Vader Serafim Rose
- *Gods Openbaring Aan Het Menselijk Hart* – Vader Serafim Rose
- *In De Kaukazus* – Monnik Merkurius
- *Terugkeer* – Archimandriet Nektarios Antonopoulos
- *Weest ook gij uitgebreid* – Archimandriet Zacharias (Zacharou)
- *Orthodoxie en de religie van de toekomst* – Vader Serafim Rose
- *Grégoire Krug – Notities van een Ikonenschilder*
- *De Orthodoxe Verering van Maria 'De Theotokos'* – De heilige John Maximovitch
- *Christus het nieuwe Paaslam* – Valentina Zander

- *Our Orthodox Holy Family* – Deacon David Lochbihler, J.D.
- *Prayers to Our Lady East and West* – Deacon David Lochbihler, J.D.
- *The Joy of Orthodoxy* – Deacon David Lochbihler, J.D.
- *The Inner Cohesion between the Bible and the Fathers in Byzantine Tradition* – S.M. Roye
- *St. Germanus of Auxerre* – Howard Huws
- *Elder Anthimos Of Saint Anne's* – Dr. Charalambos M. Bousias
- *Orthodox Preaching as the Oral Icon of Christ* – James Kenneth Hamrick
- *The Final Kingdom* – Pyotr Volkov
- *From Manhattan to the Holy Mountain of Athos* by Thodoris Spiliotis

UITGEVERIJ ORTHODOX LOGOS
www.orthodoxlogos.com

www.ingramcontent.com/pod-product-compliance
Lightning Source LLC
Chambersburg PA
CBHW060621080526
44585CB00013B/927